# PAC分析実施法入門
## [改訂版]

「個」を科学する新技法への招待

内藤哲雄 著

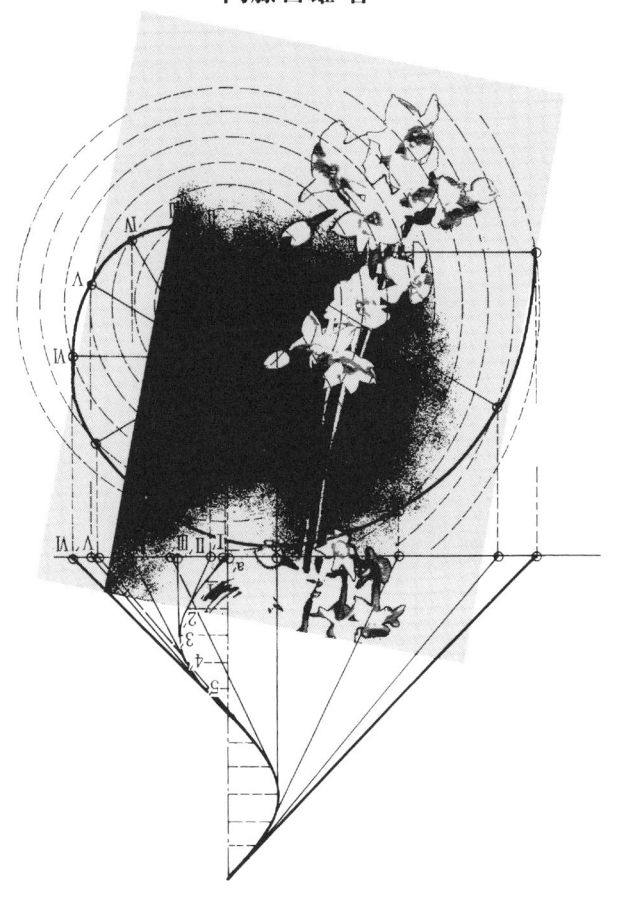

ナカニシヤ出版

PAC分析実施法入門［改訂版］：
「個」を科学する新技法への招待

内藤哲雄

How to Use PAC Analysis: An Invitation to
New Scientific Method for Single Cases [Revised]

**Tetsuo Naito**

# 改訂版はしがき

　初版の発行部数は，著者の予想を超える2000部であった。出版社が奇妙な現象と評したように，発行直後にはさしたる売り上げのなかったのが，年数が経過するにつれて，わずかずつではあるが年間売り上げ部数が増加していった。しかし，相変わらず年間で300から400冊単位にとどまり，なかなか完売に至らず，「誤植の見落としなどもあり，改訂版を」と幾度も思いながらも，延び延びとなっていた。ここ3，4年では，PAC分析を利用した卒業論文や修士論文が定番となりつつあり，心理学分野を超えて学会発表や学会誌論文が散見され始めている。PAC分析を利用しての博士論文も，国内だけでなく，海外でも出現し始めている。2000年9月には，PAC分析の開発と普及により，日本応用心理学会から学会賞を受賞したが，売り上げには直結しなかった。ところが，本年に入って急に売り上げが増加し，品切れ状態が続いた。予約販売の伝票が貯まり始めると，今度は出版社から改訂作業を急ぐようにとの督促が続いた。

　ようやく重い腰を上げて，改訂作業のために初版を読み返した。拙い文章ではあるが，当時の熱い思いが伝わってくる。研究例2の「学級風土の事例記述的クラスター分析」では，「学級の崩壊」と「の」がついてはいるが，学級崩壊が社会的に大きく取り上げられる前（学術誌への掲載は1993年）に，単一学級の事例分析や介入法について研究しており，現在でも最先端の水準にあることを感じる。本書には，単なる技法紹介にとどまらず，それ以上に「個」についての科学論や問題意識を伝えたいとの思いが込められている。創案当初の著述であるがゆえの感動を，そのまま残しておきたいと思う。また，

入門書はコンパクトな方が良いとの判断もあり，小さな改訂とすることにした。発行から5年が経過して，パソコンのOS（operating system）はほとんどがウィンドウズに変わっている。そこで，第III部実施の実際例で取り上げる統計ソフトを HALBAU のウインドウズ版である HALWIN に変更するとともに，他は誤植等の修正を中心とした部分改訂にとどめた。初版が2000名近くの研究者や学生の手に渡ったことを望外の喜びとし，本改訂版がさらに多くの人に参照され，引き続き「個」の科学の発展に貢献することを切望する。

改訂に際しては，宍倉由高編集長のほか，とくに福迫章子編集員にご尽力頂いた。短時間に手際よい作業をして頂いたことに感謝する。

2002年9月

# 初版はしがき

　昨年（1996年11月）のことであるが，日本教育心理学会第38回総会の会場（筑波大学）で，ある知人から「PAC分析の研究は10年目ですか？」と聞かれた。研究の開始は1991年であるから，実際にはその時点では6年目になる。最初の数年間は孤立状態で，引き返すこともできず，ただ一人研究を進めていた。今日ほど多くの理解者が現れるとは予想していなかった。10年には達しないものの，それほど経過したかのように感じてもらえるまでに，よく続いてきたと思う。

　当該被験者の態度・イメージの構造を当人自身に解釈させて間主観的に了解するという技法を取り入れ，後に PAC 分析と呼ばれるようになるものの原型は，『個人別態度構造の分析：過去・現在・将来での重要項目による』と題した日本心理学会第55回大会（東北大学）での初年度の発表であった。被験者はただの1名である。平均値も分散もないのに多変量解析を用いる。しかも，構造解釈に了解心理学的な解釈技法を援用する。推測統計学を使わずに考察する（当然ながら統計的な有意差とは無縁である）。「こんな研究を発表したら，馬鹿といわれるのではないか？」「しかも，『集団データで，分析は群間の比較で，確率を使って』の，総本山ともいえる社会心理学分野で……」「これまで修得し，筆者自身が長年にわたり信仰してきた戒律を，覆していいのだろうか？」「安全な航路を離れ，強烈な批判と長年にわたる孤独に耐えられるだろうか？」，発表直前まで，拭うことのできない直感的確信と自己破砕に至る不安の中で逡巡を繰り返していた。不惑にはほど遠い43歳であった。発表当日は風邪

が原因と思われる（自己中心的な素人診断であり，実際には極度の緊張によるものかも知れないが？）かなりの発熱で，意識が朦朧としていた。「どうせ馬鹿なんだ」「職場まで失うことはないのだから」と居直り，そう自分に繰り返し言い聞かせながらも，まさに「清水の舞台から飛び降りる」心境で発表に臨んでいた。破戒の恐怖に足がすくみ，震えそうな感じだった。やがて順番が来て「俎板の鯉」の覚悟を整えたものの，あれもこれもと説明しているうちに，すでに発表時間を10分も超過してしまっていた。一緒に座長をしていた深田博巳さん（当時は広島大学助教授）が「内藤さんそれくらいで✓」と打ち切りを要請してきた。深田さん，当日の会場のみなさん，ごめんなさい✓　当日の会場で，田中國夫先生（当時は関西学院大学教授）が「内藤さんそれでいい」と支持して下さったのが救いであった。

　あれからずいぶんと研究が進み，理論や技法が洗練され，適用範囲が拡張され続けてきた。研究課題が次々と発見され，ますます増加している。いまや，包括理論や包括技法という括りさえ飛び出し，「『個』へのアプローチ」と呼ぶべき段階に達している。その間に数百人の方々に抜き刷りやコピーを送り続け，多くの研究者から励ましの言葉やら助言を，もちろんご批判もいただいた。クリア・ファイルに保管させていただいている貴重なコメント付きの私信だけでも百を越える。あまりにも大勢であり，逐一お名前をあげることができない。それぞれの皆様に深く感謝するとともに，今後の研究成果によってご恩返しとしたい。

　PAC分析は，すでに筆者以外の研究者によって，社会心理学や心理学の範囲を超えて，多種多様な対象についての研究や実践への応用が試みられている。いずれ遠くないうちに体系化された著書を執筆したいと考えているが，当面は拡大しつつある利用希望者の要請

に応えるための「実施法」に限定して出版を急ぎたい。本書に叙述した以外の背景理論や多様な研究成果に興味を持たれた方のために，巻末の引用文献に続いて，筆者自身による「PAC分析研究業績リスト」を掲載しておく。

　なお，本書は勤務先の紀要にまとめた『PAC分析の適用範囲と実施法』（内藤, 1997）を下敷きにしたものであるが，とくに本書の構成に関しては，三井宏隆氏（慶應義塾大学教授），蘭　千壽氏（防衛大学校教授），宍倉由高氏（ナカニシヤ出版編集長）から貴重な助言をいただいた。また具体的な実施技法についての振り返りや考察は，以下の方々（研究会）との出会いとご支援によるところが大きい。それぞれに心よりのお礼を申し上げたい。

　筆者の実験に参加した多くの被験者の方々，札幌・仙台・山形・東京・名古屋からそれぞれ個別に筆者の勤務先まで訪ねて来て投宿しながらワークショップを受けた8人の研究者たち，仙台・東京・名古屋・久留米（九州）の各種研究会，沖縄交流分析研究会，琉球大学集中講義「学級集団心理学」の受講生，琉球大学公開講座受講者，信州大学大学院人文科学研究科及び筑波大学大学院教育研究科の受講生。また，とくに技法洗練の着想を得るのに貢献された方々として，長野県看護協会「カウンセリング研修」の受講者，松本短期大学介護福祉学科「対人コミュニケーション演習」の受講生。

1997年3月

# 目　次

はしがき　iii
序　1

## 第Ⅰ部　「個」へのアプローチと PAC 分析 …………………… 7

### 1　「個」へのアプローチの意義　8
(1)　決定因の問題　8
(2)　独自性の問題　10

### 2　PAC 分析の下位技法とそれらの利点　15
(1)　自由連想　15
(2)　連想項目間の類似度評定　18
(3)　類似度距離行列とクラスター分析　19
(4)　被験者による解釈・イメージの報告　20
(5)　総合的解釈　22

### 3　PAC 分析の利用　27
(1)　適用の限定条件　27
(2)　従来の集団的研究法との比較　28
(3)　既存の理論と測定技法としての PAC 分析　31
(4)　臨床的応用　32

### 4　PAC 分析使用上の注意　35

## 第Ⅱ部　実施の手順と留意点 ……………………………………37

### 1　準備段階　38
(1)　研究テーマの選定／診断・治療での利用　38
(2)　実験（調査）計画／診断・治療効果の測定計画　39
(3)　連想刺激の作成　40

　　　　　(4) 連想反応の指定　41
　　2　実施段階　43
　　　　　(1) 契約関係　43
　　　　　(2) 連想順位と重要順位の測定　44
　　　　　(3) 類似度距離行列の作成　44
　　　　　(4) クラスター分析　45
　　　　　(5) 被験者による解釈と報告，その記録　47
　　　　　(6) 総合的解釈　55
　　　　　(7) 情報公開にあたっての注意　59

第Ⅲ部　実施の実際例 …………………………………………61
第Ⅳ部　研究例1：性の欲求と行動の個人別態度構造分析 ………81
第Ⅴ部　研究例2：学級風土の事例記述的クラスター分析 ……113

引用文献　137
PAC分析研究業績リスト　140
索　　引　144

# 序

　PAC分析のPACは，**Personal Attitude Construct（個人別態度構造）**の略称であり，"パック"と発音される。現在では，利用の仕方によっては，認知やイメージの構造，心理的場，アンビバレンツ，コンプレックスまで測定できることが確認されているが，その名称の由来が示すように，元々は個人別に態度構造を測定するために筆者（内藤，1993a）によって開発されたものである。この分析法は，当該テーマに関する自由連想（アクセス），連想項目間の類似度評定，類似度距離行列によるクラスター分析，被験者によるクラスター構造のイメージや解釈の報告，実験者による総合的解釈を通じて，個人ごとに態度やイメージの構造を分析する方法である。

　筆者が「個」へのアプローチに着目しPAC分析の技法を創案した背景には，学部専門課程・大学院在学中とその後の数年間（合計13年間）を実験社会心理学を主専攻とした後に，6年6カ月にわたって臨床心理学担当の専任の職に就き，再び元来の専門分野である社会心理学の講座を担当するようになったという経緯がある。前職では臨床心理学が表看板であり，そのため児童相談所での臨床実務にも従事していたのではあるが，「本当の専門は社会心理学なのだ」との思いを持ち続け，社会心理学と臨床心理学の研究発表を並行的に続けていた。「二足の草鞋を履く」との意識が消えることなく（そのように割り切っていたのかも知れない），筆者の中でそれぞれが別々の抽斗に収納され，2つの専門分野の視点やアプローチの違い

に矛盾を感じることもなかった。それが現在の職場に異動し、再び社会心理学を表看板とするようになったのではあるが、喜び勇んで臨床心理学を放擲するという訳にはいかなかった。もはや拭い去り難いほどに臨床心理学的な発想や感性が染み付いてしまっていた。看板は年月を経て裏も表も区別がつかないほどに日焼けし、変質していた。そして我と我が身の中で、2つの抽斗が同時に開け放たれてしまい、矛と盾のように鋭く対峙して、葛藤し渦を巻き始めた。すなわち、臨床の現場で、それぞれに独自の問題や個性を持つ子供たちを療育し、親のカウンセリングを続けてきた後では、抽象的・平均値的な人間を描き続ける今日の社会心理学の態勢に、疑問を感ぜざるを得なかった。馴染みのあるはずの社会心理学の、どの教科書を読んでも、しっくりとしないのである。「社会心理学講座担当者」としてのアイデンティティによって自身を説得し割り切ろうとしても、「今ここに生きている実在の人間」「私やあなたという『個』」が欠落しているという実感を拭い去ることができなかった。

　こうして、臨床においてカウンセリングが何ひとつ手に持たずに個別の対象や現象に肉薄するように、社会心理学でも個別の対象や現象に鋭く迫ることができないだろうか、と考えるようになった。しかも、技術の習得に時間がかかり、理論的視点や主観が関与しやすい従来の臨床心理学的方法とは異なった、操作的で客観的で簡便な技法を開発できないだろうかと感じた。そのとき、かつて大学院の学生時代に感じていた「個人独自の態度構造」を捉えようとの思いが蘇った。臨床の実践においてそうであるように、被験者は1名でよいのだ、平均値も分散も必須要件ではないのだ、繰り返しデータはいらない。個人や単一集団の独自性や特有性、個のもつ豊饒を分析したい。しかも個々の要因分析ではなく、全体構造を捉えたい。これができれば、長期間にわたる膨大な個別事例の情報を直観を駆

使しながら分析していく従来の，いわゆる事例研究法（Allport, G. W., 1942）の呪縛から，個性記述的研究を解放できる。膨大な変数が総合的に関与する事例の，操作的科学的な研究への道を切り開くことができる。そう感じた。何がなんでも技法を開発せずにはおられないという気持ちになった。こうして PAC 分析の技法開発に着手することになり，関連技法との比較を含めた理論的考察が続いた（開発の経緯や当初の成果については，内藤（1993a）を参照されたい）。

　技法の開発と洗練，実証研究の学会等での発表は1991年に開始されたが，はじめの頃は興味を示す方々はいても，明確に理解したうえで支持する反応はほとんどなかった。筆者自身がいまだ全貌をつかんでおらず，直感に促されて探索的に研究していた段階である。現在から振り返れば当然のこととして納得できるが，当時は，無視されているとか，傍観されているといった状況に近いものを感じていた。その後にいくつかの実験を重ね，理論的に論考した論文『個人別態度構造の分析について』（内藤, 1993a）を発表した際には，強力な支持者が現れたが，少数であった。「少数派」の「多数派」への影響力について実証研究を積み重ね，「多数派の影響力」に固執する学会の「多数派」に対して十年を越える訴求を続けた Moscovici の心境にわが身を重ねる思いであった。ところが，日本グループ・ダイナミックス学会の機関誌「実験社会心理学研究」に『学級風土の事例記述的クラスター分析』（内藤, 1993c）と『性の欲求と行動の個人別態度構造分析』（内藤, 1994）の２論文が掲載されたことを転機として，理論と技法に興味をもつだけでなく，利用を希望する研究者が出現し始めた。技法の実際を習得しようとする研究者が，筆者に連絡を取り，勤務先にまで訪ねてくるようになった。また，各地の研究会や琉球大学の公開講座で，研究概要の発表や技法習得の

ためのワークショップが開催された。対象者は，社会心理学，臨床心理学，社会学，日本語・異文化間教育の研究者，教育現場の教員が中心であった。

　研究概要の発表では，なぜ「個」を研究するのか，それが普遍的（多人数による平均値的）研究とどう繋がるのかといった，「個」へのアプローチの意義が論議の中心となるので，技法実施の実際についてはそれほど問題とならない。技法そのものが中心課題となるのはワークショップにおいてである。個人にあるいは集団に対して，1泊2日とか2泊3日を費やして「PAC分析の実際」の説明を繰り返しているうちに，当初私が予想していた以上に，技法の詳細を伝達するのが難しいことを感じ始めた。技法の中に実験社会心理学的アプローチと臨床心理学的アプローチが融合されていること，換言すれば，**操作的・実験的・（記述）統計学的手法と，間主観的・カウンセリング的・事例記述的手法の両者が包含されていること**が，通常はいずれか一方のみの知識や経験しかもっていない研究者への伝達を困難にしていたのである。筆者にとっては"自然で自明"であることが，多くの研究者にとっては"不自然で奇異"なことと感じられるのである。他方では，いずれのアプローチの体験も不十分な初心者への説明という問題もでてきた。公刊された内藤の論文を頼りに卒業論文や修士論文の研究で使用したが，「技法の詳細がわからなかった」との声も聞こえてくるようになった。さらに，最近ではPAC分析の利用者が，社会心理学や心理学の範囲を越えて拡大しつつある。開発者としては誠にありがたいことではあるが，喜んでばかりもいられない。

　上記のような切羽詰まったともいえる事情から，本書では技法実施の実際を紹介することに焦点を絞り，最新の成果を説明することを主目的とする。PAC分析の理論と技法の全貌に興味をもたれた方

は，開発当初に執筆されたもので不十分な点も多々あるが，比較的まとまった論文である『個人別態度構造の分析について』（内藤，1993a）によって補完していただきたい。

　なお，あらかじめお断りしておくが，「個」へのアプローチの価値を論述する際に，いわゆる法則定立的研究に対して，挑戦的ともいえる表現を用いることがある。しかし，いうまでもないことだが，「個」へのアプローチが法則定立的研究に取って代わることができるとか，すべての面で優れているというつもりはない。筆者の研究者としての出発点は実験社会心理学であり，平均値と分散を中心とした推測統計学や記述統計学を多用した経験をもっている。また，現在でも指導している学生の研究はほとんどが，1セルあたり10名を越える被験者をもつ実験的研究であり，結果の分析には平均値による差の検定を多用させている。それゆえ筆者も，集団（としての分布）データによる解析，平均値や比率による群間の差の検定（推測統計学）の価値は十二分に体感している。**集団の平均・分散による量的・確率的な分析と個別の事例による質的・記述的な分析は，車の両輪のような相互補完的な関係にある。2つのアプローチを対置させることで，現実の人間行動を幅広く相対化してみることができるといえよう。**それにもかかわらず，前者のみが強調され，それだけが科学であり万能であるかのように信じ込まれている風潮を憂い，また後者の操作的・科学的な技法の開発とそれを支える理論の創出が蔑ろにされ，遅滞していることを実感するがゆえに，後者のアプローチの有用性を強調し，声を大にして提唱するものである。

# 第 I 部

# 「個」へのアプローチと PAC 分析

# 1 「個」へのアプローチの意義

　心理学的な接近法をとる社会心理学（いわゆる**心理学的社会心理学**）を含めて，心理学では，人々が現実に経験する内容を対象としており，人々の実際の反応を収集し，個人内のメカニズムを解明することを目指している。解明されるべきものは，個人の認知・感情・行動である。状況要因を用いて説明する場合であっても，最終的にはそれが（普遍的・抽象的・平均値的なものであるにしても）一個人に及ぼす影響に還元される。**法則定立的な研究法**とされる集団での実験や調査で描き出されるのは，**平均値としての人間（行動）**である。**平均値的な人間像**は全ての人々を代表する**「普遍」**であり，個々の人々は普遍を具体化する**「特殊」**と見なされる。それでは，心理臨床などで問題とされる**「特定の具体的な個人」**は上記の意味での「特殊」であるから，その人の行動の全ては「普遍」である平均値的人間の行動の法則という観点から説明され得る，と結論できるのかというと，そう単純ではない。

## (1) 決定因の問題

　第1に問題となるのは，ある変数で群間の平均値や比率に有意差が見いだされれば，その変数の分散に寄与した要因は普遍的であるとともに，「決定因である」と錯覚してしまうことである。ところが，測定された変数の分散説明率だけでは，当該要因が決定因であるか否かを結論することができない。問題とされる要因が行動事象の決定因と考えられるものによって構成されていなければ，有意差が決定因によってもたらされたとはいえない。周辺的・付随的要因の効果があきらかにされたにすぎない。たとえ決定因が含まれてい

たとしても，優位度の低いものであったり，相互に影響する複数の重要な決定因の一部が欠けているならば，問題となる行動事象の全体に迫ることができない。

　心理学が生きた人間を対象とし，特定個人の具体的行動を説明する理論や法則を得ることを目指すのなら，日常的生活者としての特定人物の具体（特殊）行動を説明できるものでなければならない。しかも，真空状態のように極端に統制された実験室でしか妥当しない法則ではなく，個性をもちながら生活する人々の生活場面での具体行動を左右する決定因を含む法則や理論を構築しなければならない。ところが，これまでの心理学の研究の中で，上記の核心に応え得るものはそれほど多くはない。否，少ないとか，僅かであるというべきであろう。その原因として考えられる最大のものの1つが，日常生活者としての個々の人々をつぶさに観察し，生活行動の決定因を探索する努力を軽視してきたことであるといえよう。そして，「決定因の集合」を見いだすためには人間行動を全体として眺めることが必要であるにもかかわらず，**生活行動を微細な単位行動の集積と考え，微細な行動を説明するための要因を事細かに分析しがち**であったといえよう。少なくとも心理学においては，行動の単位を，「膝を曲げる行動」「足首を動かす行動」から，「歩く行動」→「散歩」→「悲しみを紛らすための彷徨」というように，より大きな括りとして捉えることが求められよう。これらは，人間を**「自身の行動を意味づける存在」**と見なし，個人を全体的に捉えようとするホリスティック（holistic）な観点を採用し，対象者の内的な世界を**間主観的（intersubjective）**に理解しようとする方法，と読み換えることができる。質的に事例を詳細に分析する研究法が，集団による平均値的研究法（いわゆる法則定立的研究法）を補完する価値をもつという根拠の1つがここにある。

## (2) 独自性の問題

　人間を特性という要素に分割して眺めると,どの人にも,①全ての人に共通する部分,②一群の人々にのみ共通する部分,③その人独自に存在する部分の3つが存在する。①と②はいずれも他者との**共通特性**であり,③は**個人特性**である。そして個人における**独自性**には,③の独自な要素分割的な個人特性だけではなく,①②③が統合されたホリスティックな形態としての（言葉の定義からはこちらが本来的な）独自性も含められる。なぜなら,①と②の組み合わせは,共通特性のみの組み合わせであるから,同一の組み合わせ（同類者）が複数存在することが論理的に帰結されるが,③をも包含するホリスティックな構造はただ一人にしか存在しないからである。それゆえ,ホリスティックな観点から個人を眺めるならば,他者と共通する可能性は,独自性を発生させる③の個人特性内容とはかかわりのないもの,すなわち,そもそもの③における差異を生成するメカニズムにおける共通性しか存在しないということになる。換言するならば,ホリスティックなアプローチでのホリスティックの範囲を拡張していくと,特定の構造内容を持つ具現者はただ一人しか実在しないことになり,共通性はメカニズムに限定されてくる。人間科学が,ホリスティックな観点を採用し,それを押し進めるのならば,結果として決して共通化されることのない,個別の単一事例にのみ適合する現象の解明をも目指すことになる。つまり,ホリスティックな観点では,論理的必然として,普遍性は「個」においてのみ存在し,「個」の違いに応じて多様な普遍性が存在することを是認することになる。この単一事例においてのみ妥当する普遍性を,**個別的普遍性**と呼ぼう。他方,メカニズムに注目するならば,「個」においても他者と共通する普遍性が存在する可能性がある。こちらは独自な個における**共通的普遍性**と呼ぶことにしよう。一方の極に

は,「人間はそれぞれに独自な世界を持つ異質な存在である」というホリスティックな観点が存在し,他方の極には,「人間の生命としての根元は共通であり,全ての人は同質と見なすことができる」という自然科学的な人間観がある。人間科学が人文科学・社会科学的な側面を包摂する総合科学を志向するのならば,後者に慣習的に偏執すべきではなく,両極をともに視野に置くべきである。

ここでさらなる説明のための例をあげるならば,共通的普遍性に対応するのが,"条件づけの原理"であり,個別的普遍性に対応するのが,多種多様な状況下での条件づけが継続され,ついには一個人しか該当者がいない"独自な習慣行動を獲得した個人"ということになる。ところが,人間は社会的存在であることから,独自な習慣行動も,その構成要素の大部分は彼が所属する集団の文化や規範に規定されたものである。それゆえ,ホリスティックなアプローチにより解明される人間行動においても,変異(variation)として解釈できる余地が大きいということになる。

以上の論考によって,特定個人における共通的普遍性の全体は,「全ての人」と「その人を含む一群の人々」に共通する特性内容,「全ての人」と「その人を含む一群の人々」に共通するメカニズムであり,これらの共通的普遍性がその人の統合的独自性の全体集合のかなりの部分を構成していると考えられる,ということになる。それゆえ,特定個人を詳細に分析することは,個別的普遍性だけなく,共通的普遍性の解明をも目指すことになるのである。

吉田(1990)の提言を継承した伊藤(1996)は,教育心理学を舞台として,人間を,**主体的,独自的,創造的,歴史的,社会的,超越者的,全体的**,な存在としての「学習者」として意味づけている。そして一見すると厳密に見える実験的方法には限界があり,人間科学の活路を,「個」の内界に迫る臨床心理学的な事例研究法に求める

べきだと主張する。そして，論文の本題最終部分に，「蛇足であるが」と言い置いて，以下のように締め括っている（p.135）。

> 類似の「問題」（例えば，夜尿癖とか，弱いものいじめ）の事例を沢山，研究していけば，やがて普遍的な理論（夜尿癖に対する操作の仕方とか，弱いものいじめの対策）が生まれることもあるが，そのことで事例研究の価値があるとするのは，偏狭すぎる。「操作法」に固執する研究者がその価値のみを認めることがあるが，真の事例研究は，一回一回の，また一人一人の事例に「普遍性」を見出すことにその生命がある。いいかえると，一例をもって，人間一般に共通する原理を集約することができる，ということである。個人の世界において，その「個」の本質を明らかにすればするほど，「人間の本質は何か」という主題への普遍性が得られるし，真の教育の価値も解明されるというのは，人間の本質と教育は，自然科学の対象ではなく，人間科学の主題であることを物語っている，といえないだろうか。

伊藤に倣い，「蛇足になるであろうが」と前置きして，例示しながら論考を続けよう。太陽系の惑星には，水星，金星，地球，火星，木星，土星などがある。これらの惑星間で，水素，酸素，炭素などの各成分を測定し，平均値を算出したとする。あらゆる成分を測定して平均値化した惑星というものが存在するであろうか。実在しない。ここで地球に注目してみよう。地球のような水や空気が存在する他の惑星は，少なくとも太陽系には存在しない。そして地球には，太陽系の他の惑星には存在しない生態系を含む多種多様なシステムが実在する。筆者は，かけがえのない地球に棲む一人として，豊か

な地球独自のシステムを解明する必要性を感じる。換言するならば,**「個」の存在価値**を認めるか否かが,「個の独自性」を解明する価値を左右するということになる。「私」を「あなた」を,生きている一人ひとりの価値を真摯に受けとめるか否かが,人間の,人間集団の「個」の研究意義を決定するのである。多数であること,平均値的な人間観や集団観だけが科学を支えるという主張には賛同できない。そして,ただ一つの地球だけでの現象解明から,宇宙にロケットを飛ばし,月に旅することができたように,一人のまた単一集団の「個」の中には,全ての人間にまた全ての集団に共通する原理が包含されていると考えられるのである。

　次に,ホリスティックなアプローチの価値を別の例で示そう。学習心理学において,レスポンデント条件づけ,オペラント条件づけ,モデリングなどの機制が明らかにされてきた。これが人間行動の解明に貢献し,行動療法などの実践にも多大の貢献をしてきたのは事実である。しかしながら,肝心な点が研究されずに放置されている。もし人間の行動形成変容の「全体としてのメカニズム」へと目を転じるならば,レスポンデント条件づけ,オペラント条件づけ,モデリングのそれぞれの機制が,一人の人間の中でどのように統合されているかが明らかにされるべきだということになろう。ここで事例を取りあげよう。パソコンで新しいソフトを学習する場面を想像してもらいたい。Aさんは,しばらくキーボードに触れていたが,すぐに不機嫌になり,二度と触りたくないと感じるようになったとする。レスポンデント条件づけタイプに該当する。Bさんは,めちゃくちゃにキーボードを叩いていたが,やがて適切なパターンを学習していった。これがオペラント条件づけタイプである。Cさんは,マニュアルを読みながら,また熟練者に教えてもらいながら,習得していった。モデリングタイプである。Aさん,Bさん,Cさんの

ような実例は，身近に観察することができる。これらの例は，行動形成の全体機制にはいくつかのタイプが存在することを示唆している。同一個人内でも，得意領域，不得意領域でどの下位機制が優位となるかが異なるであろう。こうした例が示すように，「個」として実在する人間の行動形成システムは，3つの下位機制（レスポンデント条件づけ，オペラント条件づけ，モデリング）を，並列的に並べるだけでは描けない。全体的（ホリスティック）な行動形成システムの研究が必要であるにもかかわらず，研究はほとんど進んでいない。

さて，社会心理学者としての存在でもある私には，上記の論考に補足しておくべきことがある。それは，集団研究についてである。集団のレベルにおいても，「個」の解明が必要である。すなわち，**個別集団**へのアプローチである。筆者が，「個人」へのアプローチではなく，「個」へのアプローチと呼ぶ所以である。本書では，残念ながら個別集団研究についての論考を大々的に進める時間的余裕がないので，別の機会としたい。PAC分析によってもアプローチ可能な部分がある。興味をもたれた方は，『個人別態度構造の分析について』（内藤，1993a）と本書の第Ⅴ部研究例2の『学級風土の事例記述的クラスター分析』（内藤，1993c）をお読みいただきたい。

以上の論述によって，①生活する個々人や彼らが関与する個々の集団を研究対象とすること，②実存する個人や個別集団にかけがえのない価値を認めること，③全体としての「個」に事例記述的に迫ること，の意義が明らかにされたであろう。そして，普遍性には個別的普遍性と共通的普遍性の2種が存在し，共通変数に迫るいわゆる**法則定立的研究法**[1]を補完する「個」へのアプローチによって，2

---

[1] 筆者がわざわざ"いわゆる"の形容を付すのは，たとえ単一事例においてのみ適合する原理であっても，「個」をかけがえのない価値を持つ存在として捉える

## 2　PAC分析の下位技法とそれらの利点

種の普遍性のいずれの解明にも寄与できることが理解できたといえよう。

# 2　PAC分析の下位技法とそれらの利点

　本書の冒頭で既述したように，PAC分析は，①当該テーマに関する自由連想(アクセス)，②連想項目間の類似度評定，③類似度距離行列によるクラスター分析，④被験者によるクラスター構造の解釈やイメージの報告，⑤実験者による総合的解釈を通じて，個人ごとに態度やイメージの構造を測定・分析する方法である。これらの作業手続きに沿って，それぞれの下位技法の特徴や利点を明らかにしていきたい。

### (1)　自由連想

　広く知られているように，自由連想は，精神分析の創始者Freudによって，患者の潜在意識を探索し治療するために利用されるようになった。またJungは，精神医学的診断に適用可能な一連の連想刺激語を発見し，連想反応の内容だけでなく，反応時間によって数量的に分析する方法を開発したことでFreudと出会い，その後独自

---

がゆえに，この原理を（個における）普遍的な法則と呼びたいと考えるからである。臨床の実践に代表されるように，「個」における法則は，全ての人や多くの人々に適合するか否かが不明であったとしても，たとえ適合しないとしても，解明されるべき意義がある。さらに筆者は，法則定立的研究が個人間の普遍的法則（個人間一般化）を追求するのに対して，個性記述的研究ではまず個人内での普遍的法則（個人内一般化）を追求し，しかる後に個人間を比較して個人間の普遍的法則を推論しようとするものである，と考える。こうした推論の背後には，メカニズムの発見には「個」へのホリスティックなアプローチの方が有利であるし，「個」がある種の人々の，また全ての人々の**典型（type or model）**としての側面を持つとの見方がある。

の精神分析理論を創始する基礎を得た。

　近年では，認知科学の分野を中心として，自由連想は新たに"アクセス (access)"として再概念化され，長期記憶から検索される情報の構造や機能が検討されてきた。社会心理学においても，対人認知などの研究に適用されてきたが，最近では「社会的カテゴリー化理論」での内集団・外集団のカテゴリー認知や，社会的アイデンティティのイメージを決定するものとして注目されている（Turner, J. C., 1987：内藤, 1996[2]）。

　上記の諸研究が示すように，自由連想（アクセス）は，個人内の，コンプレックス等の潜在的構造，認知的枠組み（スキーマ，スクリプト等），社会集団のカテゴリー認知といったものの，構造と機能を探るための素材を得る重要な技法と見なすことができる。PAC分析は，自由連想のこうした特長に注目したのであるが，さらに研究方法論的には次のような意味をもっている。

　多くの研究者（実験調査者）は，被験者（調査対象者）のイメージや認知構造を測定しようとするとき，**研究者自身のスキーマ（ものの見方）に基づいて変数を決定している**。ここでは，被験者の独自性は残差成分と見なされることになる。結果として研究者は，いわば，自身と同じ構造や機能をもつ者を同定するかのような，あるいは自己のイメージに適合する現象を確認する作業に従事しているかのような観を呈することになる。このような批判に対して，事前に**深層面接 (depth interview)** や自由記述で調査してから変数を決定した場合には反論があるであろう。しかし，その場合でも，調査

---

[2] 『在日韓国人の「在日」に関するPAC分析』の研究において，被験者個人にとっての，①在日（韓国・朝鮮人）であることの意味や感覚・感情，②韓国のイメージ，③日本のイメージ，④朝鮮のイメージ，の4つのPAC分析をバッテリーとして組み合わせることで，内集団・外集団，境界人としてのアイデンティティの分析を行っている。

対象者に共通する変数に限定され，絞り込まれることになる。全員の全ての変数（回答）を取り上げるとしたら，ある人にとっては重要なアクセス項目であるのに，別の人にとってはアクセスされない項目ということがあり，いずれの対象者においても通常はアクセスされない項目への反応を求めることになるし，膨大な項目数となるからである。

　他方，個人の自由連想によって個人別に分析するという場合には，**被験者自身のスキーマ**という枠組み（フィルター）を通して抽出された変数（連想項目）を採用することになる。実験者のスキーマに不適合な被験者の独自性を排除せず，逆に積極的に取り上げることになる。これを別の視点から見れば，被験者一人ひとりのための独自の実験調査項目群を作成する方法であるともいえる。

　それぞれの被験者に誘発されるスキーマ（認知・イメージ構造）は，各自においてのアクセシビリティの高い項目からなる，相互に影響され分割できない全体的・統合的構造であると考えられる。したがって，スキーマの研究においては，その定義を「集団における共通変数に限定しての認知的枠組み」へと変更しない限り，各被験者ごとに測定すべきだということになる。また，社会的ステレオタイプ研究においては，個人別に対象集団へのスキーマを測定して，同様のスキーマが多くの人々に共通して出現することが確認されたときにはじめて，ステレオタイプが存在しているといえるのである。

　以上のように，変数が被験者自身のスキーマを構成する要素によって決定され，その構造が分析されるときに，本質的な意味での，被験者独自のスキーマの構造が解明されることになるといえよう。被験者自身のスキーマに沿った変数を取り出す有力な方法の一つが，自由連想（アクセス）という技法である。そして自由連想法は，人間のもつ豊かなイメージ能力（例えば，田嶌, 1992）に支えられ，

あらゆる対象に適用できるというすぐれた性質を持っている。

## (2) 連想項目間の類似度評定

　被験者が1名の場合の項目間の類似度得点については，項目への回答を繰り返させることで平均値と分散を得て，相関係数等を算出する方法がある。身長や体重のように，繰り返しの測定が可能で，緩やかに変化する安定した変数の場合に適している。

　他方では，いきなり項目間の類似度を評定させる手続きを考えることができる。状況変化や体験の繰り返しに応じて時々刻々と変化するという特徴を持つ自由連想（アクセス）等では，こちらの方が適している。またこの方法では，例えば初めての就職や初めての性体験のように，生涯にただ一度しか体験せず，繰り返すことが不可能な事象にも適用できる。

　なお，PAC分析では，評定される類似度は，言語的・辞書的な意味によらず，直感に基づくのが原則である。この根拠はJungのコンプレックスの概念などに求めることができるが，それよりも筆者自身の臨床実務とイメージ療法のワークショップを実施した体験から得たもので，連想項目間の相互結合関係は，「①辞書的意味」だけでなく，またそれよりも，「②個人的経験の内容」，「③感情（コンプレックス）」によって，またそれら①②③の複合によって決定されていると考えるからである。ただし，言語学などで，個人内における辞書的意味の構造を検討・研究することを否定するものではない。辞書的意味よりも直感を重視するのは，個人的体験や感情の成分の大きい態度やイメージの構造を探求することを目指すことによるものであり，心理学的な側面への傾斜によるものである。PAC分析においても，かなりの数を実施した経験から，「**直感的イメージ上での類似度**」が有効であると感じている。

## ⑶ 類似度距離行列とクラスター分析

　全項目間の類似度得点を一覧表にすると，類似度距離行列が完成する。ただ一人の，しかも繰り返しのない，平均値も分散もないデータでありながらも，この距離行列によって多次元解析（MDS）やクラスター分析が可能である。類例がないことではあるが，理論的に間違いがないことを確認し，筆者は愕然とした／　ただ１名のデータなのに，平均値も分散もないのに（項目においては得点すらなく，存在するのは項目間関係の得点のみである），記述統計学を利用できるのだ／　「平均値」「分散」「推計学（確率を利用した推測統計学）」だけが統計学であるかのように錯覚し，信じ込んでいた自身に気づいた。人は「個」として存在し，繰り返すことのできない体験を持ち，独自の存在であるという側面があるのに，「平均値」「共通性」にこそ真実があり，科学の目指すものである，との通説を鵜呑みにしていた。何ということであろう／

　ここにおいて，われわれは，「個」の豊饒の世界を探求し，操作的に解明するための第２の道具を得たのである。筆者は構造の析出に際して，多次元解析ではなくクラスター分析を用いているが，これは項目群のまとまり（すなわちクラスター）を決定しやすいし，統計データを見慣れていない被験者にとっては，相対的な距離を配慮しないですみ，項目群から喚起されるイメージやまとまった理由を探索しやすいからである。研究者としては，スクリプトを検出しやすいとか，要因（クラスター）間の関係についての解釈を得やすいといったこともある。だからといって，クラスター分析以外の多変量解析（多次元解析を含めて）の利用や併用を否定するものではない。多次元解析などで３次元以下の析出を得る場合には有効な解釈につながる可能性が高いし，クラスター分析の結果と併せることで考察のための情報が豊かになると予想されるからである。

ところで，KJ法に代表されるように，連想項目のカードを直接に2次元の平面（台紙）に分類しながら，カテゴリー及びカテゴリー間の位置関係を決定する方法がある。簡便さという点ですぐれているが，カードをカテゴリーに分類するとき，すでにいくつか集まったカード群のイメージ（構成概念らしきもの）に影響されて残りのカードを帰属させてしまう傾向がある。またカテゴリー間の距離や結合については，さらに意識的・論理的に決定される可能性が高い。これに対して，類似度距離行列によってクラスターの結節を算出する場合には，結果を予測して類似度評定をすることは不可能に近い（組織的に収集されたデータはないけれども，筆者が実施したPAC分析の被験者では，析出結果を見る前には，クラスター構造に気づいていたとしてもぼんやりとあるいは一部についてだけであった）。

さらには，クラスター間の最終結合までの全過程（すなわち構造の析出）が，項目間類似度を被験者自身が「感じること」に基づいて決定されるという点は，心理臨床においてはとりわけ重要な意味をもつ。カウンセリングやイメージ療法において，クライアント自身が内界を「感じること」が成功に導きやすい（池見, 1995）ことが知られているからである。

### (4) 被験者による解釈・イメージの報告

当該被験者から，各クラスターによって喚起されるイメージ，項目群がそれぞれにまとまった理由の解釈，さらに補足的に項目単独で喚起されるイメージの報告を得ることの意義は大きい。というのは，それぞれの被験者において，各連想項目，各クラスターが，どのような個人的経験に由来しているのか，どのような感情や連想的意味をもつのかの全貌を，推測だけで得ることが不可能だからである。被験者に聴いてみないとわからないことが多いし，聴けば了解

できることが多い。

　集団による平均化されたデータの場合には，平均値的な代表者は実在しないから，直接質問して回答を得ることはできない。複数の被験者による回答の集合から推測することができるだけである。しかしながら集団データでは，特定個人における独自性は残差成分として排除され，共通性の高い変数だけが構造として浮かび上がる。そこで研究者が単独で推測した解釈であっても，研究者をも含めた共通性によって，別言すれば，研究者が持つ**共通主観**によって支えられ，妥当する可能性が高い。ただし，研究者相互の解釈がズレることが示すように，研究者自身の**非共通主観**による恣意的な解釈部分が残る。いずれにせよ，データの出力まではきわめて操作的・科学的であるのに，解釈段階に至った途端に研究者の共通主観に頼るという難点がある[3]。

　他方，一個人の連想項目やそのクラスター構造に関しては，被験者自身に尋ねることが可能である。変異の大きい被験者の独自性が反映された連想項目やクラスター構造から喚起されるイメージやまとまった理由の解釈を直接質問できる。研究者が，事前に保有する共通主観だけで解釈することはできない。**非共通主観を共有するた**

---

[3] 極端な実験主義者に見られることであるが，被験者の主観を排除し徹底的に客観的に分析するといいながら，解釈段階で研究者の主観に頼ることは免罪として不問に付すというのは，論理的矛盾である。被験者の主観を含めた**「主観の価値」**が正当に評価されるべきである。東北大学文学部大橋英寿教授からいただいた私信（1993年5月8日付）の中に，以下のような記述があった。subject は，主体の他に，題目，主観，自我，実体，物（それ）自体の意味ももつ。

　「被験者」の訳語を当てている subject の本来の意味は「主体」です。Wundt の時代の論文には「この実験の subject は○○氏である」と個人の氏名が明記されていると長老先輩から教わり驚いたことがあります。当時は，今のように素人の教養部学生などには subject の資格がなかったのです。いつから，どうして，subject が「主体」から「被験者」に換わったのか，匿名でなければならないとされるにいたったのか。心理学の根底を突く興味深い史実です。

めの手段を必要とする。これが、そうしないとできないし、そうするから可能となる間主観的(intersubjective)な解釈技法である。実験者と被験者が同行(どうぎょう)しながら被験者の内界を探索する方法は、カウンセリングでの共感的理解の方法と近似しているが、客観的なクラスター構造というデータを媒介にして被験者の現象世界を了解するので、「**現象学的データ解釈技法**」と呼ぶことができる(内藤, 1993 a, 1994)。

臨床心理学的方法を援用した現象学的データ解釈技法を採用することで、PAC分析は単一個人の内面世界にかかわる認知・イメージ構造の解明のための道具のセットを揃えたことになる。技法としてのPAC分析の最大の特徴は、下位技法として「自由連想」「多変量解析(クラスター分析)」「現象学的データ解釈技法」の3つを組み合わせたことである。

### (5) 総合的解釈

PAC分析の最新の標準的技法では、総合的解釈の材料として、以下のような多種多様な情報を獲得する。それらは、①連想順位、②連想内容、③連想項目数、④重要順位、⑤クラスター分析によるデンドログラム(樹状図)、⑥クラスターのイメージと解釈、⑦クラスター間関係についてのイメージと解釈、⑧(実験者が解釈しにくい、あるいは独自のニュアンスをもつと推測した)項目の単独でのイメージ、⑨項目単独での+−0の(感情的・情緒的)イメージ、⑩被験者による解釈の際の非言語的行動(抑揚、言いよどみ、ため息、沈黙、身体動作、身振り・しぐさ等)、及び周辺的言語報告(「他にはない」等の繰り返し、感嘆、等)である。ここでは各情報のもつ意味を説明するにとどめ、実施上の注意や勘所については第Ⅱ部「実施の手順と留意点」で述べることにしたい。

## ①連想順位

連想順位はアクセシビリティ（アクセスしやすさ）に対応しており，生起しやすい認知要素の内容を示すとともに，（クラスター分析で明らかにされるような）カテゴリーの間をどのような順序で検索していくかのプロセスを示すと考えられる。

## ②連想内容

カードに記述させたり言語的に報告させる場合には，具体的な行動や事実かそれとも象徴的表現か情緒的表現か，文章か単語か仮名か漢字かそれらの混合か，肯定表現か否定表現か，現実行動の記述か希望の表明かなど，内容とともに表現様式も重要である。実際に，政党イメージの研究例では，「強い」「重い」などのように SD 法のスケールに該当する反応が大部分の被験者がいる一方で，「民主主義」「共産主義」のように抽象的・象徴的意味内容（コンセプト）から構成される者もいた。また，職業・就職のイメージでは，4年次5月では数個の単語のみであったある学生が，大学院に合格し卒業間近になるといずれも文章でしかも具体的な目標から構成されたものへと変容していた。そして男子学生の性の欲求と行動については，経験レベルの比較的低い段階では異性への接近や交際への希望的表現が，深い段階では性行為へ連なる具体行動の連鎖（スクリプト）が出現していた。

誤字についても，化粧イメージでの「晴れと忌（正しくは，晴れと褻）」のように知識の欠如によるものもあるが，政党イメージでの「官防長官（正しくは，官房長官）」のように，潜在意識を示唆すると考えられるものもある。

また，絵画で反応させるときは，描かれたものの大きさや色や位置関係も参考になる。演技（ビデオで収録）の場合には，非言語的

な要素が重要となろう。

### ③連想項目数

連想項目数の多寡とPAC分析によって引き出される全体情報は、単純には対応していない。反応が同一カテゴリーに属するものか否かによっても違うし、どの程度の象徴的意味を包含するかによっても影響を受けるし、クラスターの解釈に際してどの程度付加されるかに依存しているからである。また各クラスター内の項目数は、分化度（認知構造の複雑さや緻密さ）の指標としての意味をもっている。

### ④重要順位

重要順位の高いものは、問題事象や臨床的内容にかかわるときは「主訴」に該当する。この指標によって、いかなる内容をとりわけ重要と感じているかが明らかとなる。なお、ほとんどのケースにおいて重要順位と連想順位はそれほど対応していない（相関が高いとはいえない）。

### ⑤デンドログラム（樹状図）

デンドログラムは、クラスター分割の基準となることはいうまでもないが、項目の結節を続ける処理（HALWINなどのソフトの場合に当てはまる、SPSSに組み入れられているものは併合された項目群と結節させるので該当しない）では、**スクリプト**（行動連鎖の結節のスキーマ）が析出されることがある。クラスター間の結節は、カテゴリーの上位・下位関係を知ることができ、**メカニズムの解明**に有効である。

## ⑥被験者による「クラスター」のイメージと解釈

　クラスターからイメージされるものや併合された理由の解釈についての聴取は，実験者が単独で推測することが不可能な，被験者の個人的経験や独自な内面世界に関する豊かな情報をもたらしてくれる。そして，被験者の生々しいエピソードや感情表出を伴ったイメージを実験者（研究者）が間主観的に了解することで，クラスターの解釈（命名）をリアルで豊饒なものとすることが可能となる。

## ⑦被験者による「クラスター間関係」のイメージと解釈

　クラスター間関係についての被験者のイメージや解釈は，相互の比較を通じてそれぞれのクラスターの内包がより明確にされるという効果をもつ。また，被験者自身によるクラスター間関係の意味づけは，被験者の明確化（気づき）や自我防衛のレベルを示すとともに，実験者が全体構造やメカニズムを解釈する際のヒントをもたらす。

## ⑧補足質問（項目単独のイメージ）

　上記⑥⑦において言及されなかったり，言及されたとしても不十分であると感じられるときに用いる。連想項目の中で，同一のクラスターに属するものとして解釈することが困難であるとか，一見すると自明のようであるが，独自のニュアンスをもっている可能性があると感じられる場合には，項目自体のイメージ，また項目から連想されるものについて質問する。これによって了解ができるようになったり，豊かな追加情報を得ることができる。例えば，信州のイメージの分析のとき，内陸部なので自明とも思われる「海がない」の連想項目から湧いてくるイメージを補足的に質問したところ，実験者による構造全体の総合的解釈に際して重要な意味をもつ「開かれていない」「閉鎖的」の回答が得られた。

### ⑨各項目単独での＋－0のイメージ

各項目単独での＋－0のイメージは，技法を洗練していく過程で重要な指標となることに気づき，後に標準的手続きに加えられたものである。各クラスター内での，また全体としての＋と－項目数の比率は，**葛藤度ないしは両価感情度**の指標となる[4]。また，0項目の比率の高い場合には，情緒が喚起して苦痛が生じるのを避ける，**「解離」**や**「自己疎隔感」**の強さの指標として読み取れることが多い。

クラスターでの＋－0の合計得点（プラス項目数からマイナス項目数を引いたもの）は，クラスターの感情（欲求）の強さを表す。この得点を加味することによってクラスター間の力関係を図式的・数量的に示すことが可能になる。換言するならば，**「心理的場」**を図式的・数量的に表現したものとなることを意味する。別の理論的観点から見れば，**「コンプレックス構造」**，**「認知的不協和の構造」**としても読み取れる。


### ⑩被験者の非言語的行動

「つぶやき」「言いよどみ」「あわてた取り消し」「ため息」「頻りに頭に手をやる」「頻りに足を組み替える」「苦痛の表情」などは，コンプレックスに触れており，自我防衛的な緊張や不安の反応を意味することが多い。また，「上方を見つめる」「焦点が定まらず遠くを見つめている」などは，内界を探索している場合が多い。「沈黙」

---

[4] ［プラス項目の数－マイナス項目の数］の絶対値＋1を分母とし，プラス項目の数＋マイナス項目の数を分子とする（内藤，1993a より）などが考えられる。分母の（＋1）は，プラス項目数とマイナス項目数が等しいときに分母が（0）の算出不能となることを防ぐ定数として加えるものである。これによって，プラスとマイナスの項目が拮抗するほど，また両群のそれぞれの項目数が多いほど，葛藤状態が強いことを示すことができる。

は，イメージが浮かばないとき，あるいは自我防衛の反応として表出しやすい。被験者の自我にかかわる内容の分析では，非言語的な反応が実験者による総合的解釈を裏付ける客観的な指標となることがあるので，注目し，記録しておくことが望まれる。

以上の諸情報を総合して最終的な解釈を得るのであるが，大量情報の中から核心的なものを選別し，全体としてまとめるのは容易ではない。総合的な解釈のための具体的な方略については後述する。

## 3 PAC分析の利用

PAC分析は，自由連想（アクセス）を利用して態度やイメージの個人内構造を測定し，診断・分析する理論と技法である。連想刺激と連想反応には，言語を中心とするが，絵画・粘土細工・演技・音楽（作曲・演奏）などの非言語的なものも含められる。完全自由連想では，実験者による連想刺激の提示がない（「何でも思いついたもの」「湧き上がってくる身体動作やイメージ」のように教示する場合には，厳密にいえば刺激が存在することになる）。構造は，連想反応間の類似度評定に基づいて，クラスター分析などで析出される。これらの基準から，PAC分析の適用範囲として以下のような限定条件が導き出される。

### (1) 適用の限定条件

①適用は，原則として，自由連想できるものに限定される[5]。しかし人間のイメージ能力の豊かさを考えれば，この限定条件はなきに

---

[5] 被験者に自由連想させずに，あらかじめ実験者が用意した項目群を用いて類似度を評定させ，各被験者がどのようにクラスタリングするかを検討するのに，ノ

等しい。それよりも、実験や調査に際して現実の限定条件となるのは、自由連想を表現したり報告したりする能力である。被験者に表現・報告の能力さえあれば、ほとんど全ての対象（連想刺激）に対して適用可能である。イメージ喚起能力や言語的能力の低い場合には、実験者が絵カードや物品を提示して選択させるなどの工夫が必要となる。

②類似度の評定ができること。評定尺度は通常は7～9段階であるが、少なくとも2段階（「近い」「遠い」等）での評定ができること。ただし、言語的に応答できる必要はない。例えば、カードや品物を3つずつ組み合わせ、類似度の高い方を近くに置かせる、などの手続きを考案することができるからである。

③クラスターを刺激としたときに生じるイメージや解釈の報告ができること。クラスターを構成する連想反応を並べて（クラスター間の比較では、2つの反応群を近くに置くことによって）提示し、凝視時間や接近・回避（側で遊ぶ時間）の程度を観察して測定するなどすれば、2, 3歳の幼児にも適用できるが、言語的な報告を得る場合に比べて質的な情報が著しく貧困となる。

## (2) 従来の集団的研究法との比較

次に、いわゆる法則定立的研究（集団的研究法）と比較しての長短を考察することで、利用範囲を検討しよう。

個人内のイメージや態度の構造分析であるから、集団としての（賛成者数などの）出現頻度については不明である。この場合には通常の調査法に取って代わることができない。PAC分析が威力を発揮す

---

＼PAC分析の技法の一部を利用することができる。例えば、「性」「人種」「職業」といった特徴を交叉的に組み合わせ、個人別に偏見構造を分析するなどを想定できる。

るのは,少数者の質的分析においてである。わずか1事例であっても,要因やメカニズムを発見する可能性(発見的価値)をもっているからである。そこで大量には被験者を得られないとか,関連する変数(要因)が多く被験者間の差(変異)が大きい場合には,従来の研究法よりも遙かに有利となる。

　例えば,筆者がある形成外科医から聞いた,次のような事例への適用を考えることができる。表現が悪いが,視線を向けるのをはばかれると感じられるような顔の形成手術をした患者さんが,ごく普通の顔になった。その患者さんは,「職場を変え,今までつきあってきた人たちとの交際を絶ちきり,全く別人として生き始めた」というのである。このような方こそ,アイデンティティ研究での**典型者**となるのではないか。大学生1,000人の調査をし,上位50人と下位50人を選抜したとして,果たして彼らは本当の意味での典型者といえるのであろうか。被験者の量(人数)が被験者の質を凌駕できるわけではない。質を前提としているときにこそ,量が(多くの人に当てはまるという意味での)普遍的妥当性の価値を高めるのである。

　宗教の教祖や政党党首は,一般信徒や一般党員と同じ態度次元をもっており,それぞれの次元での強度が異なるだけである。こんなことが納得できるだろうか? 信じられるだろうか? 知人の統計専門家は,「統計的には5人以上いないと分析できない[6]」と話して

---

[6] 知人の統計専門家が伝えようとした真意は,**推測統計学**では延べ人数が5名以上のデータによるべきだということである。平均値は(算術上は分散も)2つの観測値からでも算出できるが,得点の分散の意味を考えると,また正規分布を想定するためには,せめて5つの観測値が欲しい。観測値は同一被験者の繰り返しによるものでもよい(繰り返しの回数=延べ人数),ということである[補注 ここでの議論は,正規分布を想定できた方が多彩な分析技法が適用できるという観点からなされており,推測統計学においても正規分布を前提としないノンパラメトリック法がある]。しかし,**記述統計学**では,本質的に正規分布や確率を前提とする必要がないし,PAC分析におけるように,繰り返しのない,平均値も分散↗

くれた。それでいいのだろうか？

　研究価値は高いが，対象者が唯一者であり，独自性をもっているとしても，まさに研究すべき対象ならば研究に着手すべきである。既存の科学論や方法で捉えられるものだけが科学なのではない。**既存の科学で捉えられないものを科学できるようにすることもまた科学である**。飛躍をもたらす科学論や方法を創造すべきである。科学は，未知の世界に対して豊かに開かれているべきである。Krahé（1992）は，『社会的状況とパーソナリティ（Personality and social psychology）』の第7章「個を対象とするパーソナリティ心理学：個性記述的研究の再発見」において，1980年代以降の新たな研究動向を踏まえて個性記述的研究の価値について徹底して論考している。そして，「明白に個性記述的な研究目的を満たすためにデザインされた手続きを見かけることはめったにない。これは，一般的な測定方略と特定の研究道具のどちらにも当てはまる（邦訳, p.213）」「個人を個人として，多少なりとも関連をもつ集団と比較せずに測査するという目的に適用できるパーソナリティ検査が必要なのである。そのような検査はあまりに少ない（邦訳, p.214 [Ross, 1987, p.170 より引用]）」と述べている。筆者は，「個」への新たな科学的アプローチの1つとして，PAC分析の理論と技法を提唱する。「個」に関するより多くの科学が誕生することを期待しながら……。

---

もない，類似度の評定値だけでも（多変量解析などが）適用できる。
　観測値に関するより一般的な信仰としては，対象者数が多いほど，繰り返しの回数が多いほど，**平均値・中央値は真の値に近づく**，この原理はいかなる測定対象についても当てはまる，というものである。ところが，独自な「個」，時々刻々と変容を続ける現象，観測を繰り返すこと自体よって変化する現象，これらの観測では上記の原理は成り立たず，逆に真の値から遠ざかるばかりである。この場合の真の値に最も近い観測値は，単一の「個」における，その**時点でのただ1つの測定値**そのものである。

### (3) 既存の理論と測定技法としての PAC 分析

既存の理論や構成概念の中で，測定技法としての PAC 分析を利用できるものがある。ここでは，利用によって新たな研究の進展が期待できる代表的なものをいくつか取り上げる。

①社会心理学において長らく重要テーマであり続けたものに「態度」がある。態度とは，対象に対する個々人の反応傾向の違いを説明（予測）するために設定された構成概念であり，「刺激と反応を仲介する個人の認知的・感情的・行動的な傾性を指す」とされている。そして刺激となる態度対象は，客観的な存在ではなく，主観的に認知されるものである。したがって，ある人にとっては「死後の世界」が存在し，別の人にとっては存在しないということになる。換言すれば，態度対象を構成する要素は個々人によって異なる。したがって，態度構造とは，特定個人においてアクセスを生起させる対象群への，その人の内的反応傾向の全体を意味する。ところが，態度対象の中には集団の成員に共有されるものがある。そこで，ある集団に共有される態度を仮定することができる。この考え方に基づいて，個々人の特有性を残差成分として排除し，集団における共通変数によって次元を抽出し，個々人の（他者と比べての）相対的強度を算出してきたのが，従来の態度測定技法である。この態度得点に基づいて，膨大な態度変化の研究が展開されてきた。

しかしながら，そもそもの定義からして，態度とは個人における態度である。特定の対象に対する態度は，対象に関連する当該個人の態度構造全体と結びついている。それゆえ，態度変化の研究においては，今日に至るまで等閑視されてきた，個々人における態度構造の変化に関する研究を推進すべきであるということになる（内藤，1993a）。

②社会心理学以外の分野にも多大の影響力を及ぼしたものに，

Lewin の「心理的場」「葛藤」「アンビバレンツ」がある。これらは理論的モデルとして存在してきたが，個人別に数量的に測定し構造を析出するための技法は開発されてこなかった。また Festinger の「認知的不協和」では，不協和の強さの1次元的測定方法は提案されているが，個人内の「不協和の全体構造」の測定については提案されていない（内藤，1993a）。

③精神医学と臨床心理学の分野で著名な Jung が自由連想の研究をしたことについては，すでに本書でも言及している。彼は，反応時間を指標として数量的に群間の比較を試みている。しかしながら，一個人内での自由連想の構造を数量的に析出し，分析する技法については，開発することがなかった。個人内の構造分析については，Freud 以来の臨床的方法に回帰している。彼が提唱した「コンプレックス」を測定する技法として PAC 分析を活用できる（内藤，1994）。

上記のような，数量的解析を用いた個人別構造分析の必要性が古くから問題とされてきたテーマにおいて，新たな測定技法として PAC 分析を活用することができる。この他に，近年になって盛んに研究されてきた，スキーマ，スクリプト，ステレオタイプ，社会的カテゴリー（社会的アイデンティティ）などを，個人別に測定するためにも利用できる。

### (4) 臨床的応用

PAC 分析が，特定被験者の「心理的場」「葛藤」「アンビバレンツ」「コンプレックス」などの測定に利用できるということは，心理学や医学での臨床実践への応用可能性を示すものであるが，別の観点からもう少し詳しく説明しよう。

事例研究法は，事例を詳細に吟味することで，決定因やメカニズムなどを発見する価値をもつことについてはすでに触れた。このことは臨床においては，ケースの診断に利用できることを意味する。例えば，ストレスの診断をするとき，他者に比べての刺激への過敏性の強さ，防衛機制を用いる相対的強度がわかるだけでは治療に直結しない。該当者にとってのストレス刺激が何であるのか，どのような身体反応や心理的反応が生じやすいのか，どのような防衛機制や対処機制が発動されやすいのかといった，内容の具体的な構造を診断できたときにこそ，認知行動療法などが本格的に適用できるのである（内藤，1993b）。実は，治療対象者当人の1名だけの構造分析は，既存の治療技法の中でもすでに利用されている。1次元ではあるが，行動療法の1つである**系統的脱感作法**における**不安階層表**がそれである。それならば，もっと本格的に，身体的・心理的反応や防衛・対処行動の全体構造を分析すべきではないかということになる。①全体構造が解明されるならば，これに基づいて多面的で多彩な認知行動療法のプログラムなどを作成できるからである。そして，② PAC 分析における被験者のように，治療対象者にも構造分析に関与させれば，自身の問題についての気づき[7]をもたらしたり，治療意欲を喚起するという効果をも期待できる。そこで，上記①と②の2側面を同時に機能させる PAC 分析の臨床的利用は，結果的に，**認知行動療法的**アプローチと**カウンセリング的**アプローチとの

---

[7] PAC 分析におけるクラスター構造が意味するものへの被験者による"**気づき**"は，カウンセリングでの"**明確化**"に相当する。気づきには，(1)被験者（治療対象者）が解釈しているうちに自身で発見的に気づく場合と，(2)実験者（治療者）が解きほぐす場合とがある。後者については，"いつ""どのような方法で"実施するかが問題となる。早すぎる明確化は，自我防衛状態にある被験者の"**抵抗**"を生起させ，治療的人間関係を破壊する可能性がある。実験者による解釈を受け入れられる準備が整い，被験者自らが受け容れる（文字通り，気づく）ときに，被験者の自我は新たに気づいた部分を統合できるのである。

**統合**を目指すことになる。

　ところで，実験者の支援を受け，被験者が自身の連想項目のクラスター構造から生じるイメージを，感じながら探っていく過程は，Gendlin（1981）のフォーカシングに近似している。両者の違いは，フォーカシングが，自由な連想過程を通じてフェルト・シフトするイメージや概念を探し続けるのに対して，PAC 分析では，多変量解析によって析出された連想項目の束からなる構造を手がかり刺激とすることである。後者の PAC 分析の方が探索が容易であるし，実験者や治療者も了解しやすい。さらに，クラスター間関係まで取り上げることから，全体構造やメカニズムにまで具体的に迫ることができる点でも有利であるといえよう。全体構造やメカニズムについては，被験者やクライアントが気づかず報告しない場合であっても，クラスター構造から実験者や治療者が分析可能であることが多い。そして，被験者による連想項目の内容やクラスターの解釈の仕方は，その人の対象の捉え方，すなわち体験の仕方（**体験様式**）を意味している。したがって，構造やメカニズムの分析だけでなく，フォーカシングと同様に，被験者の**体験過程**のレベルの分析が可能であるということになる。

　また PAC 分析では，初回であっても導入しやすい実験調査での質問というさりげない形式を取りながら，**自身の内面構造をクラスター構造として外在化させ，距離をおいて眺めさせ感じさせること**になる。やがて浮かんできたイメージを報告させ続けることで，被験者（クライアント）は自己の内面を探索し，深い開示を繰り返していく。この作業過程によって，短時間で[8]，治療的人間関係を構築

---

[8] PAC 分析を実施するのに要する時間は，1回当たり通常で1～2時間である。1被験者当たりにせいぜい15～30分程度しか費やさない実験社会心理学の専門家達にとっては，あまりに長時間を要すると感じられるであろう。しかしな↗

したり深めることができる。

上述のように PAC 分析は臨床における診断・治療に活用できるが，個人の現象的世界を分析する技法としての特色は，社会学，社会人類学，政治学，言語学，認知科学，感性工学，マーケティングなど，より広範囲の分野での利用可能性を示唆するものである。また，個人を対象としたものに限定されない。リーダーやファシリテータの認知構造を通じて，学級をはじめとする様々な個別集団の経営診断や問題解決のための介入法の考案にも利用できるものである（内藤, 1993a, 1994）。同時に，PAC 分析は対象者の内面深くを探索する作業であることから，とくに問題を持つことのない平凡とさえいえる対象者を被験（検）者として，了解的（間主観的）解釈技法のトレーニングが可能である。また，分析された結果をいくつか集めれば，ケース・スタディの材料となろう。臨床・面接調査などの実務を目指す者の実践的な教育訓練にも応用できる。

# 4 PAC 分析使用上の注意

被験者は，個々の自由連想項目については内容に気づいて開示を避け得たとしても，多変量解析によって析出される構造までをチェックすることは困難である。孤独感の PAC 分析をしているときにであるが，「（実験者に）わからないようにチェックしたが，はっきりと（クラスター構造に）現れている」と答えた被験者がいる（未発表資料より）。差し障りのないように架空の事例を作ると，ある男

---

＼から，逆に，カウンセリングなどの実務体験を持つ臨床心理学の専門家にとっては通常は1時間程度のセッションをかなりの回数繰り返した後に得られる内面深くの構造や，また転移現象を生じるような深い治療的人間関係が，わずか1回の分析で得られることが多いのに驚かれるであろう。

性と同棲をして別れた女性が,彼と過ごした部屋にあった「赤いバラ」「風にそよぐカーテン」と,アパートの入り口に置かれていた彼の「自転車」が印象に残っていたとする。そして,孤独感に関する刺激から連想された「赤いバラ」などの項目は,それぞれ単独では何ら感慨を起こさないとする。しかし,「赤いバラ」「風にそよぐカーテン」「自転車」の3つがセットにされたときには(コンプレックスとして連合していることには,それぞれの類似度を高く評定していながらも,気づかなかったのだが),突如瞼に彼と共に暮らした日々の情景がありありと浮かび,情緒的混乱をもたらすということになる。こうした例話が示唆するように,「連想項目の構造」が手がかり刺激として呈示されたときの連想価は飛躍的に高まるのである。

　被験(検)者が析出されるであろう構造までを気づくことが困難であるという特徴を,悪用するような調査は許されない。また,コンプレックスにかかわることが予測できる場合は,その種の被験者の面接調査を体験しているとか,カウンセリングなどの臨床体験を持っているなど,被験者の内面の葛藤や情緒的混乱に対処し得る能力を持つ者,の他は深入りを避けるべきである。被験者が自我防衛を発動しているときには,たとえ臨床家であっても被験者と治療的関係にない場合には,「**明確化**」を誘導すべきではない。継続的に治療的関係を持たない,最後までかかわれない状況で治療を押し売りすべきではない。防衛を保持させるべきである。**クラスター構造は,実験者やカウンセラーが主観的に分析したものではなく,被験者自身の評定によって作成された類似度距離行列に基づきパソコンで算出されたものである。実験者やカウンセラーの誤認に帰属すること**ができない。内界深くに隠されていた否定しようのない現実に,無防備に直面・対決させる危険性があることを忘れてはならない。

# 第Ⅱ部

# 実施の手順と留意点

PAC分析の利用に際して，研究と実践のいずれを主目的とするかで，準備，実施，考察の各段階における留意点がいくぶんか異なるが，本論文ではとくに区別しないで記述する。どちらが主目的であっても，知っておいた方がよいと考えられるからである。また，実施上の手続きや工夫については，組織的に観察・調査して分析していない知見や仮説も多く，なぜそうした方が効果的なのかについて言及しないこともあるが，豊富な利用体験に基づくものである。いずれ検証されることを望むものであるが，当面は手続き上の仮説として利用に資していただきたい。

## 1　準備段階

### (1)　研究テーマの選定／診断・治療での利用

　研究テーマとしては，個人別に構造分析すべきではあるが，これまで試みられていないものについて取り上げることができる。この点に関しては，現段階では無尽蔵に近い。また，これまで要因の効果が個別的にしか検討されていないテーマについては，複合的に関与すると考えられる別の要因に関するものを併せて連想刺激として呈示し，ホリスティックな観点からイメージ構造を分析するのも有効である（例えば，性の欲求や衝動と恋愛感情など：内藤，1994）。

　臨床実践での診断・治療に利用する場合には，研究におけるように必ずしも連想刺激を一定に（標準化）して他者の結果と比較することを要しないので，個々のクライアント（患者）の問題に焦点を当て自在に連想刺激を作成するのが効果的である。「他者との比較のための(ア)刺激や測定手続きの標準化，及び(イ)規準集団の得点の標準化を必要としない，いわば一人ひとりの問題に合わせた心理テストをその場で作成して，個人内の構造を分析する」というニュア

ンスになる。治療効果の検討に用いる場合には，治療の節目で分析を繰り返して構造の質的変化を吟味する。

## ⑵　実験(調査)計画／診断・治療効果の測定計画

　研究と応用のいずれにおいても，質的分析に際して有効なのが，事例間の**対比効果**と**同化効果**を利用することである。比較には，法則定立的研究での実験計画における被験者内と被験者間に相当する，「同一個人内」と「個人間」がある。研究の場合には，セルの人数が1人または少数という点が異なるだけで，その他は実験計画での**要因配置**を想定することが望まれる。通常の実験計画法との違いは，各セル間の異同を，集団から得られたデータの平均値や比率に基づいて差を検定することによってではなく，少数事例を対象として，それぞれの構造の独自性と共通性を対比効果・同化効果によって吟味することにある。要因の組み方については，実験計画に手慣れた者には説明を要しないが，以下に例をあげておく。

　①同一個人内では，複数の刺激対象に対してそれぞれに PAC 分析を行い比較する場合と，同じ刺激対象に対して継時的に測定して比較する場合とがある。両者を組み合わせるのも有効である。例えば，不登校児で「学校」「級友」「担任の先生」「母親」「父親」の分析を，治療の経過時点ごとに繰り返すなどが考えられる。刺激の呈示の代わりにある種の状況下に置くとか，何らかの体験をさせるなど（治療を含めて）の操作を加え，状況間や操作前後で比較することもできる。見かけの形式は，対応のある，あるいは同一被験者における繰り返し法を用いた実験計画に類似する。

　②個人間の比較については，実験計画での被験者間要因配置のように，経験の違い（例えば，性体験）や属性の違い（例えば，性別，職業）などで，それぞれの被験者が独立して集団の代表となるよう

な選び方をする[9]。ある種の状況下に置く，何らかの体験をさせる等の操作を加える条件を組むこともできる。

③実験計画での被験者内，被験者間要因を組み合わせる（要因の一部が「対応あり」の）方法に準ずるものもある。例えば，男性での条件1，2，3の繰り返しと女性での条件1，2，3の繰り返しを組み合わせる方法を考えることができる。

PAC分析が当該テーマに関して技法として有効であるか否かを検討する目的の場合を除いて(その場合でもできれば)，被験者は複数（被験者間と被験者内の組み合わせでは，被験者間要因のそれぞれの条件で複数）であることが望まれる。当該被験者の構造の各部や全体が，共通性であるか独自性であるかの判断の妥当性が高まるからである。ただし，治療の実践を目的とするときや得難い典型者の研究の場合には，1名で1つの刺激対象についてであっても分析する価値がある。

### (3) 連想刺激の作成

完全自由連想法のように連想刺激を呈示しないものもあるが，何

---

[9] ランダム・サンプリングである必要はない。ランダム・サンプリングは，法則定立的研究に不可欠とされるもので，集団から標本を抽出する方法（基準）の1つであり，実験調査者が操作や統制しない（できない）要因とともに個人間の差異（個人の独自性）を相殺することを目指している。個性（事例）記述的研究では，統制できない要因を相殺することは必須要件ではなく，「個」の全体としての独自性を浮かび上がらせることに価値がある。ただ，個性記述的研究法を用いる場合であっても，集団における共通性を浮かび上がらせようとするときには，集団内で比較する「個」（サンプル）同士がより異質であればあるほど，特定「個」人における変数や構造に関する集合とその他の「個」人におけるそれの集合の重なり部分はより小さくなり，他方では重なった部分全体の中で当該集団における真の共通性が占める比率が高くなる。それゆえ，当該集団における真の共通性を特定化しやすくなる。

らかの刺激を呈示した方が反応を得やすい。刺激の内容を変えるだけでありとあらゆる対象についてのイメージ構造を分析できるのではあるが，TATやロールシャッハの図版，SCTの刺激語はたくさんの刺激から選抜されたものであることが示唆するように，**連想刺激の質が反応の質を決定する**。連想刺激は，ＰＡＣ分析の成果を左右する最も重要な要素の１つである。

刺激の種類としては，文章，音声，図版，ビデオなどから，分析の目的に適合するものを選ぶ。刺激において肝心な点は，あらかじめ，抽象的・一般的なスキーマやステレオタイプを引き出すことを目的とするのか，それとも具体的・個人的なものを引き出そうとするのかを明確にすることである。例えば，「大学とは」は前者に，「あなたにとっての大学とは」「あなたにとって，在学している大学は」は後者に該当する。

また，あるテーマについての全体構造を緻密に検討するときは，「あなたにとってのストレスとは」ではなく，「あなたは何によってストレスを感じますか。またストレスを感じているときは，どのような身体的・心理的反応が生じますか。どんなことをしたくなったり，実行しますか。対人関係はどのように変化しますか。」のように，具体的な要素項目を組み合わせて構成する。刺激文が長い場合には，刺激を呈示したまま連想させる。

## ⑷　連想反応の指定

連想反応は言語（文章・単語の文字ないしは音声表現）と非言語（メロディ，彫塑，演技，絵画など）のいずれであってもよい。反応間の類似度を評定させるために対呈示するときに簡便なのは，カードやテレビの利用である。これに対応するのが文字や絵画である。集団事態で実施するときも，他の被験者の反応を隠しやすいので有

利である。

　反応数が増加すると組み合わせの数が膨大となるので,「意味あるもの」「重要なもの」として，あるいは数そのものを制限することがある。また，逆に連想反応を産出しにくい刺激の場合には，(分析のための情報を多く獲得するために) 目標として設定することもある。数の目標を設定しなくても,「もっと浮かんできませんか？」と教示すると，連想が続くことが多い。集団事態で実施すると，他の人がまだ反応しているのを観察できるので反応数が増加することが多い（社会的促進）。数の制限には,「15」とか「20」と具体的に指定したり,「20程度」と緩やかに制限する場合とがある。筆者の体験によると，無制限としても30を越えるケースは少なく，きちんと調査していないが，37以上出現したのは2％以下であったと感じている。

　制限時間は，集団事態で実施するときや，アクセシビリティの高いものだけを得たいときなどに，設定することがある。無制限としてもほとんどのケースでは10分以内であるから，内面深くを探索したい場合には制限しない方がよい。

　ところで，言語で反応させる場合であるが，実験者が使用するものと異なった言語で反応させることがある。井上・伊藤 (1997) は，留学生を対象とした異文化間カウンセリングにおいて，母語で反応させる PAC 分析を使用することで，語学的なハンディを改善できることを実証している。これは，留学先の国語の習得が不十分な段階では，母語による連想項目によって構成された構造の方が，カウンセラーへの報告は同じくたどたどしいとしても，被験者自身が内界を自在に探索するのには障碍がないからである。この知見は次のような研究の可能性を推論させる。すなわち，方言を用いた場合と標準語を使用した場合のイメージ構造の違い，また複数言語併用者での使用言語間の構造の違いなどを吟味することが可能であるとい

## 2 実施段階

　下記手続きのうち「(1)契約関係」～「(3)類似度距離行列の作成」までは，集団事態での実施が可能である。また，「(1)契約関係」～(2)「連想順位と重要順位の測定」／「(3)類似度距離行列の作成」／「(4)クラスター分析」～「(5)被験者による解釈と報告，その記録」は3分割して実施することができるが，時間が経過すると被験者の構造が大きく変化する可能性があるので，あまり間隔をあけない方がよい。最後の「(6)総合的解釈」は，被験者からの聴取が全て終了した後での実施者による単独作業であるから，切り離してもよいし，再検討を繰り返すほど良質となる。

### (1) 契約関係
　この契約関係の項は，使い方によってはPAC分析が被験者の内面深くを分析する威力を持つことを十分に認識せず，筆者自身がずさんであったことを反省しながらまとめるものである。被験者にとって内密性の高い内容を分析するときには，遵守していただきたい。
　実験に先だって，「被験者からの申し出によって，いつでも**実験を中止**したり一部について**回答を拒否**することが可能である」ことを伝える。
　面接場面（インタビュー）は，プライバシーを保護し，他者（第三者）に注意が向かうことなく被験者が内省しやすいように，実験者と被験者の2名とすることを原則とする。面接を録音したり，録画する場合には，被験者の許可を得る。結果の公開が予測されるときは，専門家の間での公開に限定するのか，一般公開であるのかを

伝え，**プライバシーや権益の保護**を最優先することを宣言し，あらかじめ被験者の承諾を得ておく。また，公開については，公開直前までに承諾を取り消しできることを伝える。

なお，診療機関で治療を目的として実施する場合には，内部の専門家の間で事例検討するのは自明であるから，この範囲内ではとくに承諾を求める必要はない。

実施法訓練のワークショップなどでは，参加者同士が交代で実験者になり被験者となるが，プライバシーと人権の保護，公開についての条件を，互いに誓約し宣言させることが必要である。（臨床の専門家を対象としたワークショップでは，「自明のこと」とされているが，主催者か訓練者が明言しておく方がよい。）

### (2) 連想順位と重要順位の測定

連想順位は，カードへの記入や口頭での報告などを通じて自動的に得られる。重要順位については，「プラス・マイナスの方向にかかわりなく重要と感じられる順序」で回答を得る。連想反応をカードで記入している場合には，並べ替えるだけなので，順位づけが容易である。同順位と感じられる項目については，強制選択（ほんのわずかな差を感じさせて決定させる）を原則とするが，どうしても決められないときは，（重要度距離行列を用いてクラスター分析するときは必要なので）連想順位の早い方を重要度の高い順位とする[10]。

### (3) 類似度距離行列の作成

クラスター分析で出力されるデンドログラムの項目番号は，通常

---

[10] これまでの筆者の経験では，強制選択でも決定できないケースに出会わなかったが，便宜的に順位づけした部分については，後続の「総合的考察」において同順位として考察することになる。

では距離行列の行列の番号と同じである。筆者が数多く試みた体験によれば，重要順位の方が解釈に貢献することが多い。そこで行列の番号は，重要順位に対応させて作成することを勧める（連想順位の方が重要と考えられるのは，認知科学などの研究においてであろう）。

　反応数が多いと距離行列の作成にかなりの時間がかかるので（例えば，反応が30とすると，同一項目の組である対角線部分を除いた評定数は$(30×30−30)÷2=435$ となる），ランダムに対にしながらきちんと回答する被験者の場合には自宅などに持ち帰っての作成を依頼することもある（ランダムに評定させるのは，系列効果を避けるためである）。

　コンピュータでのプログラムを作成して，「連想反応の対のランダムな選択と評定尺度の画面への呈示」→「被験者の回答入力と距離行列の作成」→「クラスター分析」→「デンドログラムへの連想反応記入」が自動化されると，実施時間が短縮される。今後の開発が望まれる。

## (4) クラスター分析

　標準的な PAC 分析では，構造の析出にあたりクラスター分析を利用しているが，多次元解析（MDS）でも，両者を組み合わせてもよい。既述のように，クラスター分析（階層法）を用いるのは，被験者にとって構造をイメージしたり，解釈したりすることが容易であることによる。また各項目やクラスターの結節（結合）に関する情報は，スクリプト，上位・下位関係，メカニズム（クラスター間の関係）を読み取るのにも適している。

　クラスター分析の下位技法にはウォード法を用いている。これは「経験上は，本方法が他の方法と比較すると，解釈上意味のある結

果を導くことが極めて多い」とされているし（高木・佐伯・中井, 1989：高木, 1994），筆者自身の経験でも同様であった。筆者以外の使用者のものを含めて，かなりの数の PAC 分析の研究で有効性が確認されているので，ウォード法の使用を勧める。

　クラスターを解釈する際の一般的な方法は，研究者が有効な解釈が得られると判断した距離で，デンドログラム（樹状図）を横断的に直線で切断するものである。筆者も，当初は，こうした従来の操作的基準に疑問を感じることなく従っていた。ところが，やがて次のような現象に気づいた。被験者によっては，「**斜線**」や「**曲線**」で切断した固まり（クラスター）のイメージが強く，その方がしっくりすると報告したのである。

　結局のところ，集団による集積データに基づいて析出する方法では，既述のように，被験者集団に解釈させるのは困難であるし，共通変数の構造であるため実験者1名による解釈が容易であるといえよう。

　これに対して被験者1名の構造データでは，当事者本人に解釈を求めることが可能であるし，実験者が推測困難な当人の独自なニュアンスや経験を含蓄する変数から構成されているので，逆に積極的に被験者からイメージや解釈の報告という支援を求めるべきであるといえよう。またこれによって，操作性・客観性の根拠を，デンドログラムの切断の仕方（垂線）にではなく，被験者自身の内界のイメージに求めることも可能である。同時にこれによって，クラスター分析では切断する距離の決定が研究者の解釈に依存しており不安定である，との批判に応えることになる。このようにして，「被験者がそのように強く感じているのだから仕方がない，どうしようもない」という意味も含めて，「**被験者の併合イメージ**」に拠り所をおき，結果として斜線・曲線で切断することもあるという，「個」への

アプローチならではの，新たな操作的・客観的基準が誕生することとなった。それでは，クラスターの切断についての作業は，具体的にどのように進めればよいのかということになる。筆者は次のような手順を採用している。

まず，デンドログラムの図中に連想反応を記入する。これは筆者が考案したものであるが，図中に書いた方が，スペースを節約できるだけでなく，クラスターのまとまりやその解釈が著しく容易になる。

さて，クラスターの決定に際してであるが，一定の距離（横断直線）で切るという従来の方法は，かなりの適合性があったからこそ続いてきたのである。しかし被験者が統計データを読み慣れていないとか，クラスター分析を使ったことのない場合には，いきなりデンドログラムを見せて解釈させようとしても困難である。そこで，まず実験者が解釈を試みる。デンドログラムに定規を当ててズラしながら，できるだけ直線で妥当する（と思われる）解釈が得られる位置で切断する（69ページの Fig. 8 参照）。体験的にであるが，筆者は，これを最初に試みることが有効な解釈を得るために不可欠であるとの実感を得ている。これを提案する形で，被験者のイメージや解釈を引き出す（次項(5)を参照）。提案にあたっては，図中に連想反応を記入したものをコピーし，一部は被験者への呈示用とし，もう一部はクラスターの分割部分をそれぞれ鉛筆などで大きく囲み，実験者の書き込み用とする。被験者用では囲みを記入しないのは，実験者による原案を離れて内省しやすいようにするためである。

## (5) 被験者による解釈と報告，その記録
### 面接室について

デンドログラムの結果について被験者にイメージさせたり，解釈

させるときは、実験者と被験者が面接室などで対面した状況の方がよい。プライバシーの保護になるだけでなく、被験者が落ち着いて**私的自覚状態(private self-awareness)**を高め内省できるし、ラポートの形成が容易となるからである。面接のための部屋は、特別な設備など必要ないがあまり広くないものとし、実験者が記録しやすい、録音する際にはテープレコーダを置く(音の収録効果がよいし、録音することを被験者に見せる)ためのテーブルやイスを用意する[11]。

　原則などないが、テーブルの大きさと被験者と実験者の位置関係について、筆者の体験に基づいた目安をあげておく。テーブルの高さは70 cm程度あった方が録音や筆記が容易である。また被験者との間を意味するテーブルの奥行きは90 cm程度とし、正面またはイス1つ分ズラした斜めの位置でイスにすわり対面すると、近づき過ぎて緊張を生じることなく、視線を合わせたり、表情やしぐさを観察できるし、離れているという感じがしない。

### 質問の仕方

　PAC分析には、被験者がデンドログラムからイメージしたり解釈したものも、質的データとして利用するという、特異な特徴がある。したがって、被験者からイメージや解釈を引き出す技術も重要とな

---

[11] 筆者の推論であるが、「こじんまりとした部屋」「被験者と実験者とを仕切るテーブル」は、森谷ら(1991)のいう「枠」の役割を果たしているのではないかと感じている。面接導入時は、他者の侵入を防ぎパーソナル・スペースを保持する「物理的境界」として、やがては、両者の心理的距離を適度に保つ「枠」として機能するようである。「枠」があるからこそ、被験者も実験者も精神を自由にし解放することが容易となるように思われてならない。これによって、実験者は外在化され客観化されたデータとしての被験者の自己(すなわちクラスター構造)を共感する同行者へと変わり、被験者の自己意識の状態は、実験者の存在を意識した公的自覚状態(public self-awareness)から、私的自覚状態へと変化しやすくなると考えられる。

ってくる。詳しくは後続の実施例を参考にしていただきたいが，以下の事項に留意することが必要である[12]。

手順としては，まず，①各クラスターのまとまりを，上から順番に，被験者が連想項目の内容を味わいながら感じられるように，一つ，一つ，間を置きながら，ゆっくりと読み上げる。実験者が，質問や応答を，**一つ一つ確認するように，ゆったりと発声**することで，次の効果が生じる。被験者の感覚や意識の流れが，実験者の質問や応答のスピードとシンクロナイズ（synchronize）し，被験者は（ア）緊張が取れ始め，次第にゆったりとしてくる。（イ）ゆったりと手で触ったり，身体をすり寄せていくような感覚で，内界に入り込み，イメージに触れながら，感覚を味わいながら感じ続けることができるようになる。（ウ）実験者とゆったりと応答することで，実験者と同行して内界を旅しているような感じがしてくる。

具体的には，「「〇〇〇」……，「×××」……，「□□」……，が1つのグループにまとまっているようですが，これらのグループから，**どんなイメージが湧いてきますか**……，またどんな内容でまとまっていると，感じられるでしょうか？……」と質問する。被験者に内界で発生する**イメージ・感覚・感情**を「感じさせ続けること」，

---

[12] ここで取り上げる技術の具体的事項は，筆者が無自覚的に実践していたものであるが，意識化するに際しては，筆者が実施したイメージ療法のワークショップの中での体験によるところが多い。出入り口も窓もない部屋に閉じ込められ，いかようにしても脱出できなくなったとき，筆者が建物に穴をあけることで，ようやく外に出ることができたケース。洞窟の中で出口を見つけられず疲れ切って立ち往生し，彼女のペアから救いを求められた筆者が，イスを側に出現させて座らせ（実際にはワークショップの間ずっとイスに腰掛けていたのだが），（イメージの中で）眠らせることで衰弱から回復することができたケース。枚挙に暇がない。イメージが持つすばらしい力と危険。被験者のイメージに寄り添い，内界の小旅行に同行することの意味を教えてくれた参加者たち，長野県看護協会カウンセリング研修の受講者と松本短期大学介護福祉学科対人コミュニケーション演習の受講生に，ここに特に記して衷心よりの謝意を表したい。

自由な回答を可能にする「オープン・クエスチョン」が原則である。**「実験者もまた感じ続ける」**こと，質問することよりも**「被験者にとってのイメージ」**を共に感じ続け，「被験者のイメージの流れに寄り添う」同行者として，傾聴する姿勢を保ち続ける。やがて強いラポートが形成され，コンプレックスにかかわるような内容では転移現象が生じることがある。被験者も実験者も**「理解しようとするのではなく，感じ続けること」**が肝要である。これは，**クラスターを構成する項目はクラスターの内容を代表するというよりも，「全体内容を引き出す重要な手がかり刺激」**としての意味をもっているからである。**実験者が被験者の沈黙を受け止め，実験者の方からも沈黙という<間>を構成しながら，「他にはありませんか？」「その他にはどうでしょうか？」**と繰り返し続けることで，飽和したり疲れてきた被験者は再び内界の探索を繰り返す。沈黙の後の発言を待っている実験者には，沈黙時間が冗長に感じられることがあるとしても，被験者にとっての沈黙は，感覚や感情のただなかにあり，**内界を探索している充実時間**なのである。実験者は，被験者の沈黙そのものを共に感じ，味わうことである。そうすると，冗長な感じがしなくなってくる。ワークショップで見かけるのだが，被験者の沈黙に耐えられないとか，解釈聴取段階で実験者自身の関心・興味を満たすための質問をするなどは論外である。内界を探索する旅を続けている被験者は，飽和したり，疲れて休みたくなることがある。沈黙は，被験者の休憩を意味するときもある。

　次に，第2クラスター，第3クラスターと続き……，第1クラスターと第2クラスターの比較に移る。「今度は，1番上の「○○○」……，「×××」……，「□□」……のグループと，2番目の「ZDSA」……，「WKIG」……，「TyhI」……，[IIgt]……，のグループを比べてみてください」，「どんなところが似てい

て，どんなところが違うと，感じるでしょうか……，比べたときの同じところ，違うところについて教えてください」というように，質問する。再び，実験者が被験者の沈黙を受け止め，実験者側からも沈黙の間を構成しながら，「他にはありませんか？」「その他にはどうでしょうか？」と繰り返し続けることで，被験者は内界の探索を繰り返し続ける。ついで，第1と第3，第2と第3というように，比較を続けさせる。やがて全ての組み合わせが終了する。そこで，全体のイメージを感じさせ，報告させる。

次に，②連想項目の中で，実験者にとって「意味不明瞭なもの」「クラスターの他の項目とのまとまりが了解しにくいもの」「一見すると自明のようであるが，独自なニュアンスを含むと感じられるもの」を取り上げ，それぞれの項目から連想されるイメージを尋ねる。これが補足質問であるが，異文化圏からの被験者の場合には，余裕があれば全項目の単独イメージを聴取しておくのが有効である。聞くまでもないものであったとしても，そのことが確認されるという意義がある。筆者自身が，自明だろうが「何かありそう」と感じた項目で質問し，「個人的体験に基づく重要な意味がある」ことを知らされたという体験を少なからず持っている。

最後に，③項目単独での＋－０のイメージを「**言葉の意味ではなく，実際に感覚として感じられるもの**」と教示しながら質問する。当初はイメージが湧いてくるのに時間がかかるので，はじめの2～3項目はゆっくりと読み上げる。次第に感覚が生じるスピードが速まり，回答が速く（反応時間が短く）なってくる。

### 非言語的反応

準言語的な反応としては，文字化するのが困難なものが多いが，「んー……」「ん，んっ」「うっん」「うん」「うっうーん」などのた

め息や応答,「チャッ」「ツャ」「ツァ」などの舌打ち,微妙な抑揚の上がり(↑)下がり(↓),短い沈黙(……)あるいは長い沈黙(………………)にも注目して記録する。語気強く発音したときは,大きめの字で書いたり,(!)や(!!)マークをつける。疑問と強調が重なったときは,(!?)か(?!)で表記したりする。小さな声での語りは,記録する文字を小さくして記録することもある。

非言語には,身振りやしぐさ,手を頻りにすり合わせる,テーブルを指先で叩く,腕を組む,頭に手をやる,足を組み替える,片手の人差し指と中指と親指で鉛筆を振り回す,天井に目をやる,焦点の定まらない目で遠くを見つめる,瞬きの連続,体を持ち上げる,肩を落とす,などがある。

準言語も非言語も,不安,緊張,いらだち,情緒的混乱,内界探索中,といった被験者の内面の状態を推測させ,仮説を立てるヒントをもたらす。

言語的記録にこれらの記録を加えることによって,場面の雰囲気がわかり,臨場感が著しく高まる。言語と非言語の両者の情報を併せることで,自我防衛,情緒的混乱,気づきを得ての感動,などが明瞭になることが多い。

### 記録の仕方

記録は,あるがままの**描写**に心がけ,実験者の**解釈**よりも**客観的に観察される事実の記載**を原則とする。テープレコーダーで録音したり,ビデオに収録する場合であっても,できるだけその場で文字に記録しておく方がよい。録音・収録したものを文字化するのに時間がかかるからだけではなく,非言語の情報や実験者が感じていた,その場の雰囲気の全てをテープに収録しておくことができないからである。

表記については，例えば，

「そういうのってわかんない。……うぅー…………，どう言えばいいんだろう？ うぅーん，ん，私って，その──，（目を両手で覆いながら）やっぱ悲しい，嫌だーん（↑）…………。実は，母親が嫌いなんです！ （両手を突き出して，押しのけるかのように）わかってくれないんです。（うつむきながら）私のことを，…………」
というようにする。記録には，自在に書き込めるように，A3用紙の端などにデンドログラムをコピーしたものを用いると便利である。クラスターの解釈のときは，デンドログラムの連想項目の囲みから線を引っ張って，どの部分の記録かがわかるようにする。クラスター間の比較のときは，例えば，（1-2の比較）と書いてから続ける。用紙が足らないときは追加し，最後にホッチキスなどで閉じておく。

### 被験者における構造分析のプロセス

ここで，被験者においての構造分析がどのように進行していくのかを理解していただくために，図式的にまとめておこう。被験者の解釈段階までの PAC 分析の一連のプロセスは，刺激に対する自由連想，連想項目間の類似度評定，距離行列によるクラスター分析，各クラスターに対しての被験者自身によるイメージや解釈の検討，クラスター間を比較してのイメージや解釈の検討，となる。これらのプロセスは，次のことを意味している。**すなわち，連想刺激からの自由連想，それらの構造の析出，構造への自由連想や構造の解釈，それら下位構造の輪郭や関係の明確化への進行手順は，「連想刺激」を出発点として「自由連想」と「まとめ」という作業手続きを繰り返すことで，次第に個人の内面深くを掘り下げ，深層構造の解明へと進んでいく作業に他ならないといえよう**（次ページ Fig. 1 参照）。こうしたプロセスは，カウンセリングの進展段階そのものと対

**刺激語**
↓

**連想反応**
{ ............... }

↓

**クラスター分析**
{ ......... } { ......... } { ......... }

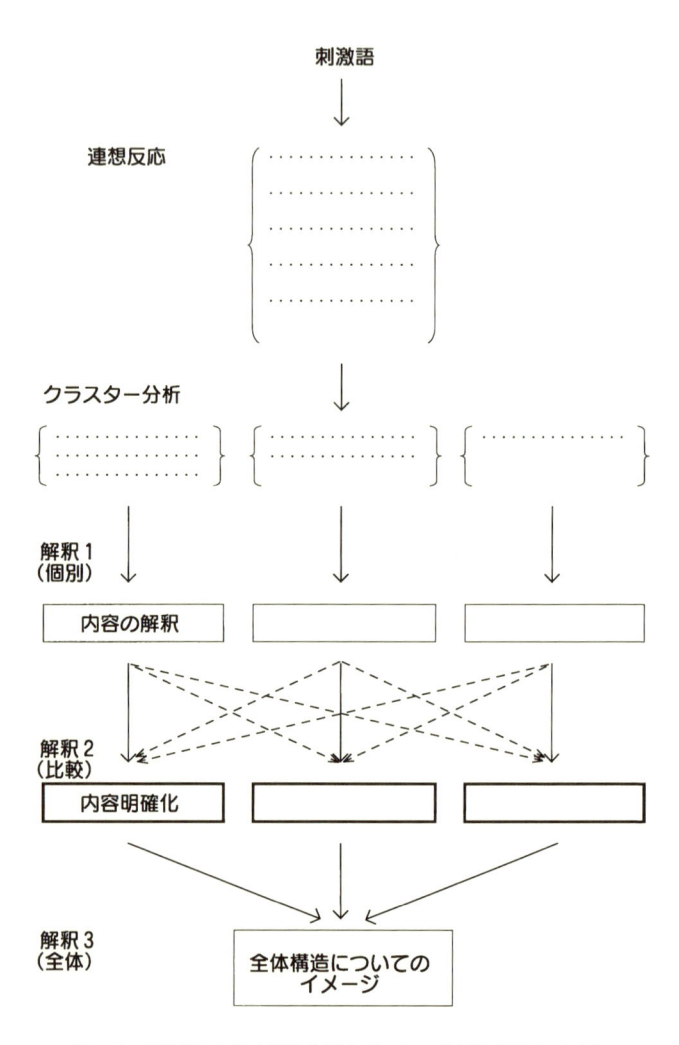

**解釈1**
**(個別)**
↓ ↓ ↓

| 内容の解釈 | | |

**解釈2**
**(比較)**

| 内容明確化 | | |

**解釈3**
**(全体)**

**全体構造についてのイメージ**

Fig.1 被験者における構造分析のプロセス ［内藤 (1994) より］

応していると考えられる。大きな違いは，**カウンセラーの直観的分析に換えて，客観的・操作的な手続きと数量的な解析法を援用し，被験者自身の連想・評定と解釈の作業に圧倒的な比重を置いている**ことである。そして，自由連想を利用することで，抑圧等の自我の防衛機制の影響を受けやすい，被験者の深層部の心理的内面構造にまで迫ろうとするものである。

### (6) 総合的解釈

　被験者によるイメージや解釈を聴取するときは，被験者のイメージの流れに沿って同行し，ひたすら傾聴につとめる。実験者は，**被験者との（心理的）距離を保ちながら，自らの修得している知識や先入見を傍らに置き，白紙のような気持ちで，考えるのではなく感じ続けるようにして**，被験者の言葉や感情，身振りやしぐさの全体を受けとめ続ける。**判断するのではなく，いわば「こころで感じ，こころで聞くかのように」**して，**被験者についての感覚やイメージが湧き上がってくるまで，そのときがくるまで待ち続ける**。カウンセリングなどの臨床の実務を体験してない者にとっては，「耐えに耐えて思考停止を続ける」というように感じられるであろう。それが経験を積むと，傾聴を続けているうちに被験者のゲシュタルトが「ふわー」と浮かび上がるようになり，今まさに身体全体で実感し把握しているという感覚を得ることができるようになるであろう。

　これに対して，総合的解釈段階では，既有の知識（新たに文献に求めたものも含めて）をフル動員し，全体の情報を統合しながら，全知全能を傾注する感じで，鉈をふるうようにして骨格を取り出し，細部は剃刀で抉るようにシャープに考察する。総合的解釈では，PAC分析に限らないが，露骨なほど実験者（研究者）の力量があらわになる。

ここで，客観的な指標となるデンドログラムの読み取り方のポイントに言及しておこう。

　距離は，それぞれの変数（連想項目）が結節するまでの距離を意味するが，**絶対距離**よりも**相対距離**の方が解釈に貢献する。その理由としては，被験者によって異なる，項目間の類似度評定の遠近の強調度，ないしは尺度の端につけがちか中央に寄りがちかの傾向を反映するからである。傾向に個人差があるとしても，同一被験者内での相対距離は意味を持つ。第2点としては，被験者内のイメージの固まりとその相互関係は，その拡がりの真の大きさにかかわりなく意味を持つからである。例えば，宇宙の星雲群は全体として拡大したり縮小したりしているが，太陽系のようなそれぞれのまとまりは，拡大縮小にかかわりなく，集合群としての意味をもっている。

　項目やクラスターの結節については，解釈（命名）のために切断した距離の，前後についても考察対象とする。初学者の中にはクラスターの有力なまとまりを見いだして命名した途端に，前後の情報を捨てる者がいる。クラスター分析では，全変数から出発して最終的に1つに結節されるまでの全体が意味をもっている[13]。したがって，**それぞれの項目（変数）が結節されていくプロセス全体を丹念に読み取る**ことが必要である。そこには，上位・下位関係やスクリプトなどの情報が含まれている。命名されたクラスターが相互にどのように結節されるかは，構造やメカニズムの解釈をする際の貴重な情報源となる。また，同一距離による横断的切断はクラスターの命名に関する1つの根拠である。これらを読み取るからこそ，そして被験者からの報告と併せるからこそ，**被験者以上に被験者の内界**

---

[13] 最終的なクラスター間の結節は，英語での"last"があり得ないことを意味するように，「最後まで結節されない異質なもの」として，裏返して読んだ方が深い解釈に繋がることがある。

を**理解**する**可能性**が産まれるのである。

　クラスターの命名は，因子分析の因子や多次元解析の次元の解釈と同じく，解釈者の解釈の仕方によって大きく左右される。PAC分析においては，被験者のクラスターについてのイメージや解釈，クラスターを構成する項目それぞれについてのイメージ，これらを丹念に反芻し，他のクラスターとも比較し集約しながら，さらには関連する理論や知識を跋渉して，クラスターを要約したものを表現する熟語や文章をいくつか考え出す。それらを代表するものを**創造し概念化する**作業が，「命名」という行為である。この命名（コピー）の質が，命名されたもの同士の関係，すなわち全体の構造やメカニズムの解釈の質を決定する。デンドログラムに「命」を吹き込むのが，命名という行為なのである。

　以下に総合的解釈のためのステップをまとめる。

### 第1ステップ

　単一の指標から安易に結論づけないで，各種指標の結果を繰り返し繰り返し感じるように読み取り続けながら，確認する。やがて，ぼんやりとした背景から被験者の全体イメージがゲシュタルトとして浮かんでくる。外国語の翻訳のとき，逐語訳しながら読み進めると，解釈を誤ることが多い。翻訳しないで原語のまま繰り返し読み続けていると，急にわかるようになるのと似た過程である。まず**被験者の内界を十二分に味わって**から，次のプロセスに移ること。

### 第2ステップ

　データの結果を要約するだけでなく，既存の理論や知見を参照しながら意味づけるようにし，**現代の学問の最先端の水準で解釈**する。そして単一の理論や知見による説明にとどめず，さらに他の理論や

知見での説明を試みる。解釈の幅を広げ，組み合わせ，多面的に論考する。

**第 3 ステップ**

この段階では，一歩も二歩も踏み込んで，既存の理論や知見からの飛躍を試みながら，価値創造的な解釈をする。データの記述レベルから，**「かのように見える」「仮説的に○○であるかのように解釈することもできる」**の考察を繰り返し，当該の現象に関して，新たな発見的価値をもたらすような解釈可能性を求め続ける。

以上の全過程の作業が終了したとき，「ごく平凡な」と思われた被験者がそれぞれに豊饒な内的世界をもち，これを探索する中で出会ったり気づいたイメージを，豊かなニュアンスを包み込んだ言葉やしぐさで，そして「全身」で語り続けてくれていたことを了解できるであろう。それぞれの被験者の小宇宙に，被験者と共に旅立ち，そこで出会う惑星群の構造やメカニズムを了解できたとき，いい知れぬ感動を覚える。筆者は，PAC 分析を繰り返し続けることで，臨床の世界でいわれる，**「クライアントは，自らが知っている以上のものを捉えている」**との意味を実感するようになった。クライアントが，自らが捉えているものを感じ続け，同行するカウンセラーと共に，イメージ化し言語化していく過程が，「気づき」であり，「明確化」の作業なのである。そして，そもそも人間のあらゆる英知が，科学が，意識化され概念化されるよりも前に捉えられたものによって，そして産出されたイメージや概念をそれらと照合することによって，創造され展開されていることに気づかざるを得ないのである。

⑺ **情報公開にあたっての注意**

　被験者の承諾を得て公開する場合であっても，内密性の高い内容で匿名性が保持できなくなる結果については，重要な研究意義があっても，「○○」のように**伏せ字にしたり省略**して記述するなどして，被験者が**特定化できない**ように注意する。専門家同士であっても，伝達する必要のない実名などは公開しない。

# 第Ⅲ部

# 実施の実際例

ここでは実施の実際例として、孤独感の誘発刺激や身体的・心理的反応、防衛機制や対処機制の構造を検討するためにPAC分析した事例の1つを取り上げる［内藤(1995)より抜粋］。例示したTable 2 の類似度距離行列を使って実際にクラスター分析し、Fig. 7 と同一のデンドログラムが出力されるか確認すること。被験者のクラスターに関するイメージや解釈を引き出すための質問、補足質問の仕方などは、音読することをお勧めする。

# 方　　法

**被験者**　被験者は、学部3年生女子1名。生活形態はアパートでの一人暮らしである。

**手続き**　まずはじめに、連想刺激として、以下のように印刷された文章を呈示するとともに、口頭で読み上げて教示した。

「あなたは、どのような場面や状況で孤独を感じやすいでしょうか。そして孤独を感じているとき、自分がどんな状態にあると感じるでしょうか。また、どんな行動をしたいと感じたり、実際に行動しがちでしょうか。頭に浮かんできたイメージや言葉を、思い浮かんだ順に番号をつけてカードに記入して下さい。」

ついで、おおよそ縦3 cm、横9 cmの大きさのカードを40枚程度被験者の前に置き、頭に浮かばなくなるまで自由連想させ記入させた。このあと、「今度は、言葉の意味やイメージがプラスであるかマイナスであるかの方向には関係なく、あなたにとって重要と感じられる順にカードを並べ換えて下さい」と教示し、想起順位と重要順位の一覧表を作成した(Table 1 参照)。ついで項目間の類似度距離行列を作成するために、ランダムにカードの全ての対を選びながら、以下の教示と7段階の評定尺度に基づいて類似度を評定させた。

## 方　　法

**Table 1　連想項目一覧**

| 想起順 | 内　　　容 | 重要順 |
|---|---|---|
| 1 | テレビの放送が終った時 | ⑭ |
| 2 | パーティーの後 | ⑪ |
| 3 | 誰かに片想いしている時 | ② |
| 4 | 信じていた人に裏切られた時 | ① |
| 5 | 絶望する | ⑯ |
| 6 | 自分の居場所がない | ⑥ |
| 7 | 泣く | ③ |
| 8 | 音楽を聞く | ⑩ |
| 9 | 誰かに電話をする | ⑤ |
| 10 | アルバムを見る | ⑮ |
| 11 | 遠くにいる人に手紙を書く | ⑫ |
| 12 | 日記を書く | ⑦ |
| 13 | 周囲に人がたくさんいるのに知ってる人がいない | ⑬ |
| 14 | 独り言を言う | ④ |
| 15 | 花を買う | ⑧ |
| 16 | お酒を飲む | ⑨ |

　**教示と評定尺度**　　教示は，下記の〈教示と評定尺度〉が印刷された用紙を被験者に呈示したまま，「　」の部分を口頭で読み上げることでなされた。

　「あなたが自身の孤独感に関連するものとしてあげたイメージや言葉の組み合わせが，言葉の意味ではなく，直感的イメージの上でどの程度似ているかを判断し，その近さの程度を下記の尺度の該当する記号で答えて下さい。」

　　　　非常に近い……………………A
　　　　かなり近い……………………B
　　　　いくぶんか近い………………C
　　　　どちらともいえない…………D
　　　　いくぶんか遠い………………E

かなり遠い……………………F
非常に遠い……………………G

## クラスター分析及び被験者による解釈の方法
### クラスター分析の方法

　上記の類似度評定のうち，同じ項目の組合せは0，Aは1，Bは2，Cは3というように，0から7点までの得点をあたえることで作成された類似度距離行列（Table 2 参照）に基づき，ウォード法でクラスター分析した（A～Gの記号は，被験者に行列に回答させるとき，すでに記入した他の組み合わせの距離を意識化しにくいように用いたものであるが，渡辺ら(1994)の報告に見られるように，直接1～7の得点で回答させても問題がないようである）。

**Table 2　連想項目間の類似度距離行列**
（行列の○内の番号は各項目の重要順位）

|     | ① | ② | ③ | ④ | ⑤ | ⑥ | ⑦ | ⑧ | ⑨ | ⑩ | ⑪ | ⑫ | ⑬ | ⑭ | ⑮ | ⑯ |
|-----|---|---|---|---|---|---|---|---|---|---|---|---|---|---|---|---|
| ①   | 0 |   |   |   |   |   |   |   |   |   |   |   |   |   |   |   |
| ②   | 4 | 0 |   |   |   |   |   |   |   |   |   |   |   |   |   |   |
| ③   | 1 | 1 | 0 |   |   |   |   |   |   |   |   |   |   |   |   |   |
| ④   | 3 | 3 | 2 | 0 |   |   |   |   |   |   |   |   |   |   |   |   |
| ⑤   | 2 | 2 | 4 | 6 | 0 |   |   |   |   |   |   |   |   |   |   |   |
| ⑥   | 1 | 3 | 3 | 2 | 5 | 0 |   |   |   |   |   |   |   |   |   |   |
| ⑦   | 2 | 2 | 6 | 1 | 3 | 2 | 0 |   |   |   |   |   |   |   |   |   |
| ⑧   | 6 | 1 | 6 | 4 | 3 | 1 | 5 | 0 |   |   |   |   |   |   |   |   |
| ⑨   | 1 | 6 | 2 | 2 | 3 | 6 | 3 | 5 | 0 |   |   |   |   |   |   |   |
| ⑩   | 5 | 3 | 1 | 2 | 3 | 3 | 1 | 1 | 5 | 0 |   |   |   |   |   |   |
| ⑪   | 7 | 1 | 6 | 2 | 6 | 7 | 5 | 7 | 3 | 4 | 0 |   |   |   |   |   |
| ⑫   | 2 | 5 | 4 | 1 | 1 | 3 | 1 | 7 | 3 | 7 | 6 | 0 |   |   |   |   |
| ⑬   | 3 | 3 | 2 | 6 | 1 | 1 | 6 | 2 | 4 | 2 | 6 | 2 | 0 |   |   |   |
| ⑭   | 7 | 6 | 4 | 2 | 6 | 4 | 6 | 7 | 5 | 4 | 1 | 6 | 6 | 0 |   |   |
| ⑮   | 2 | 2 | 5 | 2 | 2 | 2 | 6 | 5 | 6 | 3 | 3 | 2 | 2 | 6 | 0 |   |
| ⑯   | 1 | 3 | 6 | 6 | 6 | 2 | 6 | 7 | 6 | 6 | 7 | 7 | 7 | 7 | 5 | 0 |

## 方　　法

　ここで，統計ソフト"HALWIN"によるクラスター分析の実際を示す。ソフトの立ち上げは，

「HALWIN」のショートカットをクリック。

「HALWINの設定」の画面（Fig. 2）が表示される。

**Fig. 2　HALWIN の設定画面**

「方法の指定」をクリックし「キーボード入力による分析」を選択し，クリックすると「分析方法の指定メニュー」（Fig. 3）の画面が表示される。

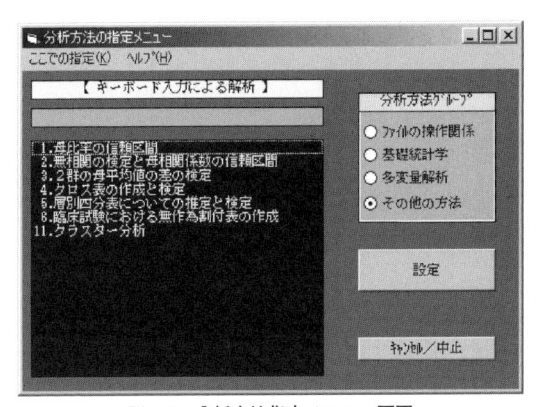

**Fig. 3　分析方法指定メニュー画面**

「11. クラスター分析」にカーソルを移動。
〈分析方法グループ〉では「その他の方法」（はじめの設定）にしておく。

「設定」をクリックすると「クラスター分析（キー入力）」の画面（Fig. 4-1）が表示される。

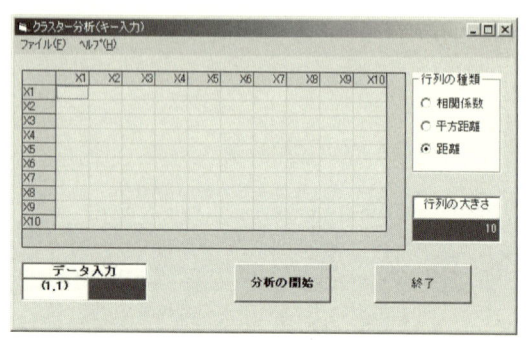

**Fig. 4-1　クラスター分析（キー入力）画面**

右の〈行列の種類〉は「距離」に黒点を移動する。

〈行列の大きさ〉は反応項目数に変える（はじめの設定は10になっている）。

距離行列にデータを入力していく。右上と左下は対称になっており，どちらかに入力すれば自動的に反対側にも入力される。

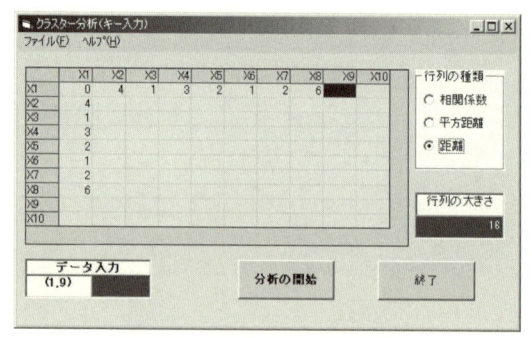

**Fig. 4-2　距離行列の入力中の画面**

入力が終わったら〈分析の開始〉をクリック。

クラスター分析の画面（Fig. 5）に切り替わったら

方　　法

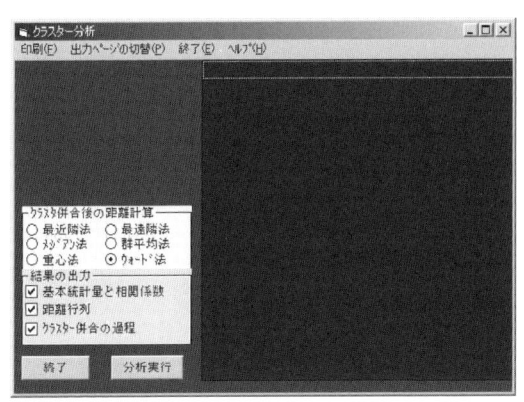

Fig. 5　クラスター分析画面

「ウォード法」を選択（当初の設定）。

「分析実行」をクリック。→演算は一瞬のうちに終了し，分析結果の出力画面が表示される（Fig. 6）。スクロールしていくと，併合過程やデンドログラム（樹状図）が見えてくる（Fig. 7）。

Fig. 6　分析結果出力画面

| ステップ | クラスタ番号 | | | | 新番号 | 併合距離 |
|---|---|---|---|---|---|---|
| 1 > | 1 | + | 3 | ····> | 3 | 1.00000 |
| 2 > | 2 | + | 8 | ····> | 8 | 1.00000 |
| 3 > | 4 | + | 7 | ····> | 7 | 1.00000 |
| 4 > | 5 | + | 12 | ····> | 12 | 1.00000 |
| 5 > | 6 | + | 13 | ····> | 13 | 1.00000 |
| 6 > | 11 | + | 14 | ····> | 14 | 1.00000 |
| 7 > | 3 | + | 9 | ····> | 9 | 1.73205 |
| 8 > | 7 | + | 10 | ····> | 10 | 1.73205 |
| 9 > | 12 | + | 15 | ····> | 15 | 2.23607 |
| 10 > | 8 | + | 13 | ····> | 13 | 3.24037 |
| 11 > | 9 | + | 10 | ····> | 10 | 5.91608 |
| 12 > | 13 | + | 15 | ····> | 15 | 6.14701 |
| 13 > | 10 | + | 16 | ····> | 16 | 6.75066 |
| 14 > | 16 | + | 15 | ····> | 15 | 7.29971 |
| 15 > | 15 | + | 14 | ····> | 14 | 8.93628 |

《 ク ラ ス ター 分 析 ── 基 準 : ウ ォ ー ド 法 》

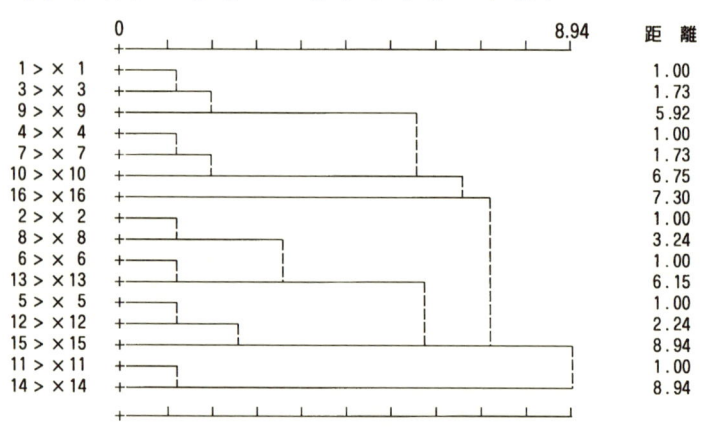

```
              0                                    8.94    距 離
              +-----+-----+-----+-----+-----+-----+-----+
  1 > × 1    +--+                                          1.00
  3 > × 3    +--+--+                                       1.73
  9 > × 9    +-----+-----------------+                     5.92
  4 > × 4    +--+                    |                     1.00
  7 > × 7    +--+--+                 |                     1.73
 10 > × 10   +-----+-----------------+--+                  6.75
 16 > × 16   +--------------------------+--+               7.30
  2 > × 2    +--+                          |               1.00
  8 > × 8    +--+-----+                    |               3.24
  6 > × 6    +--+     |                    |               1.00
 13 > × 13   +--+-----+--------------+     |               6.15
  5 > × 5    +--+                    |     |               1.00
 12 > × 12   +--+--+                 |     |               2.24
 15 > × 15   +-----+-----------------+-----+-------------+ 8.94
 11 > × 11   +--+                                        | 1.00
 14 > × 14   +--+------------------------------------- --+ 8.94
              +
```

**Fig. 7 デンドログラム**

Fig. 6 が表示されたら「印刷」をクリックし,「プリンター出力」か「ファイル出力」を選択する。

印刷の場合に、〈プリンターの設定〉でプリンターのフォントを「MS

ゴシック」などに変更しないと，図が崩れたり，短くなることがある。

プリンターへ直接出力しないで，フロッピー・ディスクかハード・ディスクに一度セーブして，文書作成ソフトなどで読み取り，図中に連想反応を記入する方法もある。

### 被験者による解釈の方法

析出されたデンドログラムの余白部分に連想項目の内容を記入し，これをコピーして1部は被験者に呈示し，もう1部は実験者が見ながら，以下の手順で被験者の解釈や新たに生じたイメージについて質問した。

まず，実験者がまとまりをもつクラスターとして解釈できそうな群ごとに各項目を上から読み上げ（Fig. 8, 9 参照），項目群全体に

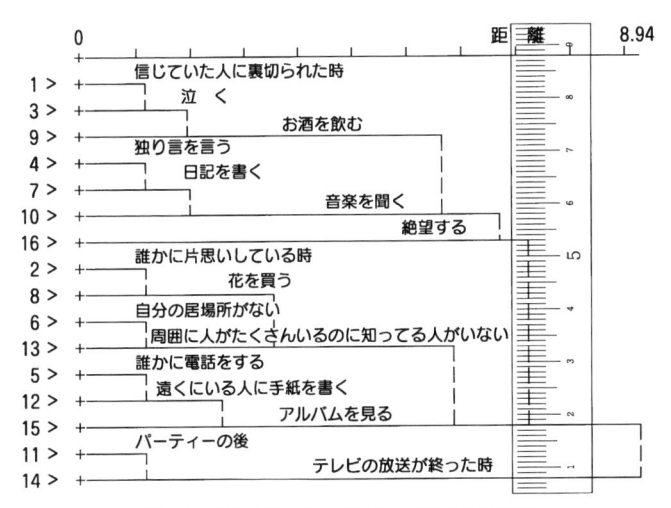

**Fig. 8 実験者によるクラスター切断距離の探索**
1）左の数値は重要順位

```
       0                                    距 離    8.94
       ├──────────────────────────────────────┤
 1 > ┬ 信じていた人に裏切られた時
 3 > ┤     泣く
 9 > ┤          お酒を飲む
 4 > ┤ 独り言を言う
 7 > ┤ 日記を書く
10 > ┤       音楽を聞く
16 > ┘            絶望する
 2 > ┬ 誰かに片思いしている時
 8 > ┤ 花を買う
 6 > ┤ 自分の居場所がない
13 > ┤ 周囲に人がたくさんいるのに知ってる人がいない
 5 > ┤ 誰かに電話をする
12 > ┤ 遠くにいる人に手紙を書く
15 > ┘       アルバムを見る
11 > ┬ パーティーの後
14 > ┘      テレビの放送が終った時
```

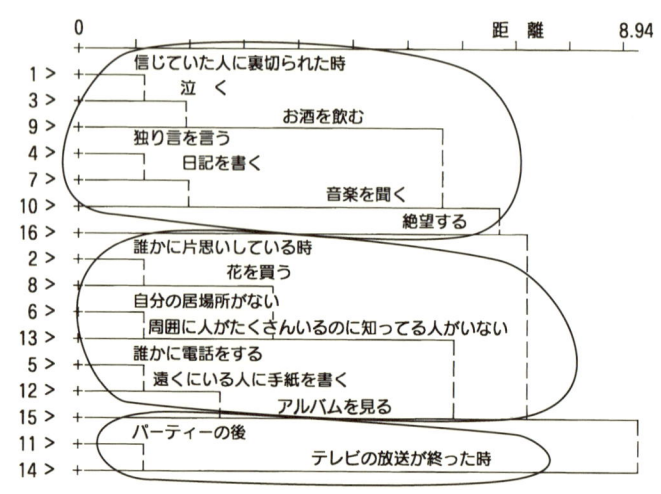

**Fig. 9　実験者によるクラスター分割の原案**
1) 左の数値は重要順位

共通するイメージやそれぞれの項目が併合された理由として考えられるもの，群全体が意味する内容の解釈について質問した。これを繰り返して全ての群が終了した後，第1群と第2群，第1群と第3群，第2群と第3群というように，クラスター間を比較させてイメージや解釈の異同を報告させた。この後さらに，全体についてのイメージや解釈について質問した。続いて，実験者として解釈しにくい個々の項目を取り上げて，個別のイメージや併合された理由について補足的に質問した。最後に，各連想項目単独でのイメージがプラス，マイナス，どちらともいえない（0）のいずれに該当するかを回答させた（Fig. 10 の連想項目の後ろに付加された（　）内の符合を参照）。

## 結果と考察

**被験者によるクラスターのイメージと解釈**　　以下の（**Q：**　）は，実験者による質問部分。テープに録音しておらず，一部は文字記録もされていないので，記憶をたどりながら再構成したものである。

**クラスター1**は「信じていた人に裏切られた時」〜「絶望する」までの7項目：（**Q：それではコピーをご覧下さい。上から見て，「信じていた人に裏切られた時」「泣く」「お酒を飲む」「独り言を言う」「日記を書く」「音楽を聞く」「絶望する」の1，2，3，4，5，6，7，…7項目が1つのグループにまとまっているようですが，これらのグループからどんなイメージが浮かんできますか。またどんな内容でまとまっていると感じてくるでしょうか？**）　……マイナスイメージというか，あの，とことん落ち込んでみる。で，あの，落ちるところまで落ちて，それで自分を，自分に，光を与える，与えようとする。そういうイメージです。……暗いですね，イメージ的に。わりと過去の自分の傾向ですね。過去にあの，（「信じていた人に裏切られた時」を指さして）この一番上の経験があって，そのときに，お酒は飲まなかったですけど，（残りの項目群を指さして）他のこういうことをして，で孤独から離れようと，して，それが，今も癖になっている。ふーん！　そういう感じです。　（**Q：まとまっているのは？**）　…マイナス傾向っていうんですか？　（**Q：マイナスというのは？**）　あの，何とか這い上がろうってというよりは，落ち込むところまで落ち込んで，自分の殻に閉じ籠もって，孤独に，孤独から目をそらそうとしている。孤独を感じたときに，より孤独になろうとしている。そんな感じです。

**クラスター2**は「誰かに片思いしている時」〜「アルバムを見る」

までの7項目：(**Q：さっきのグループの下になりますが,「誰かに片思いしている時」「花を買う」「自分の居場所がない」「周囲に人がたくさんいるのに知ってる人がいない」「誰かに電話をする」「遠くにいる人に手紙を書く」「アルバムを見る」の1，2，3，4，5，6，7，…7項目が1つのグループにまとまっているようですが，これらの群からどんなイメージが湧きますか，またどんな理由によってまとまったという風に感じますか？**)　どちらかというとプラスの傾向で，自分で何とかしようというより，他の人や物に頼ってでも，這い上がろうとしている。さっきのに比べると，今の私の状態の気がします。　(**Q：他にはどうでしょうか？**)　ん……，わりと，前向きかなと思います。　(**Q：まとまったのは？**)　プラス傾向で，現在の自分の状態です。さっきと違って，自分が孤独であるというのに，目をふさぐのではなくて，必ず何とかなると，信じて，いろいろなことをしてみようと頑張ってますね。自分が，一番生き生きしたときの，自分の状態に，近づけようとしているように思えます。落ち込んでいるときに，花を買おうとか，電話をしようなどという気には，前はあまりならなかったんですが，自分が楽しかったときに，そういうことをしていたから，同じことをすれば，またあのときの自分になれるのではないかと思う。思います。そういうときに，そういうときの電話や手紙の内容は，悩みを相談するというより，楽しかったときの自分の姿を話す。いわゆる思い出話という感じになります。アルバムっていうのはまさにその象徴で，写真を撮るときっていうのは，たいてい笑っていますよね!?　こんな自分もいるんだから，たまには落ち込むこともあるけど，必ずもう一度こういう風に笑えると，自分を励まして，頑張れるように，花を買ったり，自分で自分にやさしくなろうとしているように思えます。落ち込んだときにいろいろ試してみようとする自分が見えます。

はい！

**クラスター3**は「パーティーの後」「テレビの放送が終った時」の2項目：(**Q：今度は下のグループをご覧下さい。「パーティーの後」と「テレビの放送が終った時」が1つにまとまっているようですが，どんなイメージが湧いてきますか。またどんな理由でまとまったと感じますか？**) これはプラスとかマイナスではなくて，おそらく，大学に入ってはじめて一人暮らしをして，はじめて自分一人という時間ができて，さみしいとか，悲しいとか，そう孤独ではなくて，「今ここに自分しかいないんだなー」って単純に孤独を認識している状態だと思います。悲しいとかではなく，どちらかというと，「静かだなー」って思う程度で，不思議なんですが，突然部屋が広くなったように思います。その場には確かに私一人しかいなくて，孤独ではあるんですが，耳の中や目にはパーティーやテレビの放送が鮮明に残っていて，あまり，（笑いながら）変な言い方ですが，孤独ぽくない孤独だと思います。

**クラスター間の比較と全体について：クラスター1と2の比較(Q：今度は1番のグループ「信じていた人に裏切られた時」「泣く」「お酒を飲む」「独り言を言う」「日記を書く」「音楽を聞く」「絶望する」と，2番のグループ「誰かに片思いをしている時」「花を買う」「自分の居場所がない」「周囲に人がたくさんいるのに知ってる人がいない」「誰かに電話をする」「遠くにいる人に手紙を書く」「アルバムを見る」とを比べてみて下さい。どんなところが同じで，どんなところが違っているでしょうか？　比較してみて下さい)。** 決定的に違うのは2番は前向きに対処しようとしていて，1番はそうではないです。それから1番はずいぶん昔のことです。2番は今に近いんじゃないかなーと。ただ，1番の内容を今まったくしていないかというと，そういうわけではなくて，やはり過去のこういう癖を今

もしているんですが，最後には前向きの姿勢にもって行こうという点で，過去と変わったんじゃないかと思います。

**クラスター2と3の比較**　(**Q：それでは，2番のグループと，3番のグループ「パーティーの後」「テレビの放送が終った時」とを比べて下さい。どんなところが似ていて，どんなところが違っているでしょうか？**)　決定的に違うことは，2番は精神的な孤独で，3番は言葉通りの単純な孤独だと思います。で2番は，孤独に対して対処しようとする自分の姿勢で，3番は別にどうにかしようとする孤独ではない。3番は，2番のようなことがあったときに，這い上がるための，材料になりつつある事柄じゃないかと思います。

(**Q：その他にはどうでしょうか？**)　そんなとこです。

**クラスター1と3の比較**　(**Q：それでは今度は，1番と3番のグループを比べてみて下さい。**)　これはまったく違う気持ちで，1番の私が，3番の私を羨ましがるぐらいのことではないかと思います。3番の私は，多少むなしいと思うけど，そういうときに1番の私を思い返して，ちょっとほっとする，という感じです。　(**Q：他にはどうでしょうか？**)　3番の私は，孤独な自分を人ごとのように考えていて，1番の私は，それとは対照的ですね。　(**Q：対照的とは？**)　まるで落ち込んでいるのはこの世の中で自分一人だと思い，孤独なのは自分一人だと思い，他の人は3番の私も含めて，敵だとまで思いそうですね。　(**Q：その他にはどうでしょうか？**)　3番の私は，1番の私を材料にして，楽しんでいる部分があるんではないかと思います。そんなとこですね。

**全体について**　(**Q：今度は，1番，2番，3番の全体を見たときにどんなイメージが浮かんでくるでしょうか？**)　1番はさっきもいったように，「過去の自分，とくに何かがあったときの自分」。2番はわりと「現在の何かあったときの自分」。3番は「現在の普通の

自分の状態」。関係ないことになってしまうかも知れないけど，何となく，癖とか，性格とか，よくやりがちなことっていうのは，落ち込んだときにした状態が，つまりやったことですね，が，今に癖とか，そういうものに出てくるのかなって思います。そう考えると，もしも今の自分に満足しているのならば，孤独とか絶望とか，そういう経験は，長い目で見ると，私にとってとても重要なものではないかと思います。　**(Q：他にはどうでしょうか？)**　あとは出て来ません。

　**補足質問**：「信じていた人に裏切られた時」→ **(Q：1番上の「信じていた人に裏切られた時」というのはどれくらい前のことですか？)**　高校2年生ですね。「お酒を飲む」→ **(Q：「お酒を飲む」からは，どんなイメージが浮かんできますか？)**　違う自分になろうとして，記憶がなくなるまで飲んでしまう。だいたい家ですね。で，ひとつ思うのは，このグループは過去のことといいましたが，昔は本当に一滴も飲めなくて，ただ飲んだら忘れられるのじゃないかなという憧れみたいなものでした。飲酒というのは。「日記を書く」→ **(Q：「日記を書く」というのからはどんなイメージが浮かんできますか？)**　わりと人の目を気にするタイプなんですが，日記だけはどんな小さなことでも，自分に正直になって，それを読む自分がせめて落ち込んでいる自分の味方になってあげようと思って書いています。「音楽を聞く」→ **(Q：「音楽を聞く」からはどんなイメージが浮かんできますか？)**　落ち込んでいるときは，とことん静かな曲を聞いて，しかも今の状態を歌っているようなものを聞いて，泣けるまで聞きますね。「花を買う」→ **(Q：「花を買う」というのは？)**　自分に買う。

　**＋－イメージの聴取**：**(Q：それでは今度は，それぞれの項目の1つ1つを単独で取り上げたときに，プラス…，マイナス…，どちら**

ともいえないのゼロ，のどれが浮かんでくるでしょうか？　言葉の意味ではなく，実際に感覚として感じられてくるものを教えて下さい。一番上の「信じていた人に裏切られた時」はどうでしょうか？……）　マイナスです。　（Q：それでは「泣く」は？）　ゼロです。　（Q：「お酒を飲む」は？）　ゼロです。　（Q：「独り言を言う」）　ゼロです。　（Q：「日記を書く」）　ゼロです。　（Q：「音楽を聞く」）　ゼロ。　（Q：「絶望する」）　マイナス。　（Q：「誰かに片思いしている時」）　ゼロ。　（Q：「花を買う」）　プラス。　（Q：「自分の居場所がない」）　マイナス。　（Q：「周囲に人がたくさんいるのに知ってる人がいない」）　マイナス。　（Q：「誰かに電話をする」）　ゼロ。　（Q：「遠くにいる人に手紙を書く」）　ゼロ。　（Q：「アルバムを見る」）　ゼロ。　（Q：「パーティーの後」）　ゼロ。　（Q：「テレビの放送が終った時」）　ゼロ。

**重要順位と＋－イメージ**　重要順位の高い順にほぼ1/3までの項目をあげると，①信じていた人に裏切られた時，②誰かに片思いしている時，③泣く，④独り言を言う，⑤誰かに電話をする，の5項目となった（Fig. 10 参照）。1・2位が孤独感を生起させる対人関係事態で，3～5位が対処行動である。1位の「信じていた人に裏切られた時」だけがマイナスで，他の4つはいずれも「0」項目である。全体を見ても，プラスが1，マイナスが4であり，**「0」項目は11と全体の68.8％にも達している。孤独に対して，自己疎隔的あるいは自我防衛的傾向が相当に強いことが推量される。**

**総合的解釈**　**クラスター1**：全ての孤独感の出発点となるのが，重要順第1位の，高校2年生のときの「信じていた人に裏切られた」体験である。それは，孤独をもたらした現実を直視して立ち直るの

```
                0                              距 離      8.94
                +--------------------------------------------+
      +   信じていた人に裏切られた時(-)              |
 1 > +-----+   泣 く(0)                              |
 3 > +-----+          お酒を飲む(0)                  |
 9 > +  独り言を言う(0)                              |
 4 > +-----+ 日記を書く(0)                           |
 7 > +-----+                                         |
10 > +                  音楽を聞く(0)                |
                               絶望する(-)           |
16 > +                                               |
 2 > +  誰かに片思いしている時(0)                    |
 8 > +       花を買う(+)                             |
 6 > +  自分の居場所がない(-)                        |
13 > +  周囲に人がたくさんいるのに知ってる人がいない(-)
 5 > +  誰かに電話をする(0)                          |
12 > +    遠くにいる人に手紙を書く(0)                |
15 > +           アルバムを見る(0)                   |
11 > +  パーティーの後(0)                            |
14 > +           テレビの放送が終った時(0)           |
```

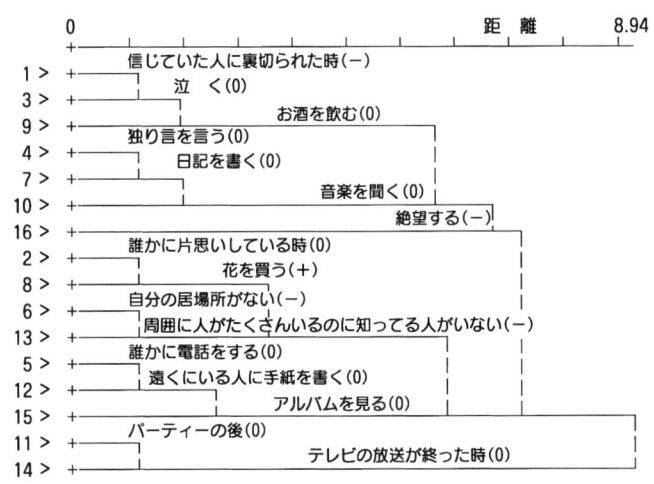

**Fig. 10 連想項目と単独イメージが付加されたデンドログラム**
　　1) 左の数値は重要順位
　　2) 各項目の後ろの（ ）内の符号は単独でのイメージ

ではなく，自分の殻に閉じこもり，さらに強い孤独感に溺れて孤独な自己を直視することから逃れようとするものであった。落ちる所までとことん落ち込むことによってしか救われないと感じ，破滅的な自己破壊へと向かうことになった。「泣き」ながら，「お酒を飲む（当時は実際に飲むまでには至らないが）」ことで意識を失い，人格転換したいと望んでいた。「独り言を言い」，落ち込んでいる自分を「日記に書く」，日記を読む自分自身だけが唯一の理解者であり，慰撫者であった。そして孤独を訴える「音楽を聞く」ことで，「絶望する」ほどの孤独感に浸っていた。これらは，裏切った相手へと向かうべき敵意や攻撃が逆に自己へと向かう自傷行為として，また自虐的に強められた孤独感に溺れることで現実から逃れようとする自我防衛的行為として解釈することができよう。このクラスターは，〈**過去の人間不信体験と孤独感への耽溺**〉と名づけることができよう。

**クラスター2**：このクラスターは，現在における孤独感の生起条件と対処行動から構成されている。「誰かに片想いしている時」「自分の居場所がない」「周囲に人がたくさんいるのに知ってる人がいない」ときに孤独を感じる。現在でも，過去に常用された自我防衛的な孤独への耽溺が消失しておらず，過去には望んでいただけであった「記憶がなくなるまで酒を飲んでしまう」という飲酒行動が習慣化している。過去に負った心的外傷が癒えていないことも推測される。しかしながら，自分で何とかしようというより，他の人や物に頼ってでも，這い上がろうとする。過去と違って，自分が孤独であるというのに目を塞ぐのではなく，必ず何とかなると信じていろいろなことをしてみようと頑張っている。過去に楽しかったことをすることで，肯定的な自己イメージを回復し強化しようとする。唯一のプラスイメージである，自分に「花を買う」。楽しかった思い出話を交換するために，「誰かに電話をする」「遠くにいる人に手紙を書く」。楽しかった昔の自分を思い出すために，笑って写っている写真のとじられた「アルバムを見る」。そこでは，自分を励まして，自分で自分にやさしくなろうとしているように感じられる。自己受容的行動の登場である。〈**自己受容と孤独感への対処行動**〉のクラスターであると解釈できよう。

**クラスター3**：さみしいとか悲しいとかではなく，今ここに「自分しかいないんだなー」と単純に孤独を認識し，「静かだなー」と思うとき突然部屋が広くなったように感じる。そして，「パーティーの後」「テレビの放送が終った時」なのに，それらの場面が目や耳に鮮明に残っている。孤独ぽくない孤独が感じられている。ここからは，孤独の無意識的な受容と自己拡大感，他者と交流する自己，他者（存在の）受容が読み取れる。そこで，〈**他者受容を伴う孤独感イメージの出現**〉として命名することができよう。

**全体として**：全体の構造をクラスター間の関係としてみると，**〈過去の人間不信体験と孤独感への耽溺〉→〈自己受容と孤独感への対処行動〉→〈他者受容を伴う孤独感イメージの出現〉**というように図式化できよう。この流れは，「**過去**」→「**現在**」への時間的推移として，また「**自己否定**」→「**自己受容**」→「**他者受容**」の受容様式の変化としての，2側面を包含するものである。**強烈な人間不信体験による孤独感**が出現した点は，臨床心理学的にも興味深いものである。

　ところで，本被験者においては，4年以前（大学入学前の浪人経験の有無については聴取していないので不明）の人間不信の体験に由来する，文字通り長期的な孤独感と現在の短期的な孤独感の2つの要素が同時に作用している。そして**長期的孤独感**が**短期的孤独感**に大きな影響を及ぼしていることは明白である。また，強い人間不信による孤独感が生じている場合には，他者への不信ゆえに，対人交流という対処機制が利用されないことを示唆している。さらに，少なくとも，自我崩壊の危機に直面するような孤独感が生じるときには，自我防衛的に孤独感に耽溺する可能性のあることが示された。これらの知見は，"ここ2週間の状態""ここ1年間の状態"を聴取した集団の集積データによって分析すること（諸井, 1989）によっては，得られないであろう。過去の強烈な体験が現在まで尾を引いて孤独感を生じるようなケースは大量には確保できないであろうし，それぞれの個人の体験内容が異なると考えられるからである。集団データによる法則定立的研究と対置するもの，補完するものとして，個人別構造分析の価値が確認されたといえよう。

# 第Ⅳ部

# 研究例1：
# 性の欲求と行動の個人別態度構造分析

第II部および第III部で詳述してきた PAC 分析の実施技法と多様な測度は、分析の範囲をコンプレックスに関わるような自我の深層部にまで深めようとするときに、とりわけ威力を発揮してくる。第IV部では、最新の技法を駆使して、個人のコンプレックス構造にまで迫ることができた研究例『性の欲求と行動の個人別態度構造分析[14]』(内藤、1994)を取り上げる。PAC 分析の特長を生かした研究がどのように展開されるのか、そしてどこまで分析され得るのかの具体例を活写するために、すでに第III部までに説明した事項と重複する部分を含めて、学会誌に掲載された内容の大部分を転載する。読者のみなさんは、あたかも詩や小説の世界で出会う主人公のような、豊かな内界を持つ被験者に驚かれるであろう。また、本研究が「個」のメカニズムを解明する科学論文として、集団による集積データと推測統計学を駆使する日本グループ・ダイナミックス学会の

---

[14] 本研究では、性の欲求や行動に関する連想項目とそのクラスター構造については、(1)評価・感情・行動傾向の3側面を含むこと、(2)使用した PAC 分析の技法がもともと態度構造を測定するために開発されたという経緯から、'態度''態度構造'の用語を採用した。しかしながら、これらを'イメージ''イメージ構造'と呼ぶことを否定するものではない。

　また、転載した本研究論文では**コンプレックス**を中心に論述されているが、各事例のデンドログラムと総合的解釈の中に、**場理論の移動(locomotion)、誘発性(valence)、力(force)やベクトル(vector)**を読みとることができよう。また葛藤やアンビバレンツの存在をも見いだすことができよう。そして、「あのような図を描いてみても、それは行動の図示にすぎず、行動の説明にはならない。しかも、たいていは、きわめて単純な行動をわざわざ複雑な図に描いているだけで、一種の比喩のようなものにすぎない。行動が終った後ですでにわかっていることを図に描いただけで、図示することで初めて明らかになるような新しいものはまったくない——いずれも適切な批判であり、そのために、今日ではタマネギやゾウリムシを描く心理学者はほとんどいない(我妻、1987(上)、p.113)」との場理論への批判内容は、本研究の PAC 分析の結果にはあてはまらないことを実感していただけるであろう。同様に、各被験者独自の**スキーマやスクリプト、認知的不協和・協和の図式的構造**が、PAC 分析によって科学的・操作的に析出され得ることを確認していただけるであろう。

機関誌,「実験社会心理学研究」に掲載されたことの意義を実感していただけるであろう。

# 問　題

　恋愛・異性愛が，包括的な「対人魅力」のカテゴリーから独立して研究されるようになったのは，比較的近年である。その発展の直接的契機となったのは，Rubin (1973) の愛 (Loving) と好意 (Liking) の2尺度と，これによる恋愛中のカップルを対象とした研究成果である。しかしながら，とりわけ異性愛については，個人差や進展段階の違いによって関与の仕方が大きく異なるため，多様なスタイルの存在することが考えられる。そこで，愛の内容をさらに細かく区別する下位尺度が登場してきた。例えば，Lee (1977) は，愛の下位スタイルとして，①狂気的な愛（Mania），②美への愛（Eros），③愛他的な愛（Agape），④友愛的な愛（Storge），⑤実利的な愛（Pragma），⑥遊びの愛(Ludus)，の6つを提案している。また松井（1993）は，青年の恋愛行動と意識を対象として，多次元尺度構成法を利用することで，上記の6つのスタイルがより少ない数にまとめられることを解析し，各尺度と恋愛行動の進展段階との関連を報告している。

　ところで，カップルの恋愛関係の進展は，恋愛以外のより一般的な対人関係の機制や社会・文化的な背景によっても影響を受ける。中村（1991）は，Leeの6スタイル尺度とともに，関係構築行動（評価的行動，自己開示，近接行動，供与行動），関係維持行動（対話行動，待機行動，退去行動，無視行動），適合性認知(性格類似性，態度類似性，葛藤・対立)，社会交換尺度の各種指標，関係満足と関係関与について測定し，さらに性差，交際期間，関係進展度の違いに

よる群分けをして，諸要因の統合的な分析を試みている。また，和田・西田（1992）は，性についての社会および個人の規範，両親の考え方，友人関係などを取り上げ，これらと性風俗経験や性体験レベルとの関係を検討している。

　上述の諸研究は，恋愛についての行動や意識に関わる広範な要因が検討されてきたことを示すものである。しかしながら，これらの研究においては，いずれも性の欲求や衝動の視点が欠落しているのに気づかされる。性の欲求は，学習理論でいうところの報酬的な価値をもち，愛の意識やパートナーへの行動に決定的な影響を及ぼすことも指摘されている（例えば，Miller & Siegel, 1972）。したがって，恋愛・性行動の研究においては，性の欲求や衝動を看過することができないといえよう。

　ところが，Masters & Johnson（1966, 1970）の膨大な先駆的研究によって明らかにされたように，性の欲求や身体反応，さらに異性への性行動の発現には著しい個人差が存在している。そして，性衝動や身体的反応に限らず，恋愛そのものが個々人に特有な体験であり，互いに個性をもった二者関係によるものであり，恋愛を繰り返すことで体験内容の質そのものが変化していくことが想定される。これらを集団による平均値的データによって分析するならば，群間の差異は検出できるとしても，個人独自の特性のかなりの部分が残差成分として排除されることになろう。このように論考するならば，恋愛や性行動の解明のためには，個性をもった独自の体験をする個々人の，時点時点での態度（イメージ）構造の個人別分析という視点も欠くことができないといえよう。また，恋愛や性行動の検討に際しては，性の欲求や身体反応，恋愛感情，性に関する規範意識といったものの，全体的・統合的な関係が分析されるべきであろう。なぜなら，人間の性行動は，性欲求のみによって生起するものでも，

恋愛感情のみによって発現するものでもないと考えられるからである。まさに，身体と精神の全体からなる人間行動としてアプローチすることが望まれよう。全ての人々や，一群の人々に共通する法則の解明を否定するものではないが，少なくとも恋愛や異性愛に関しては，変化を続けるトータルな個人としての独自な態度構造や機制を解明するアプローチもまた必要であるといえよう。

　本研究では，上記のような問題意識から，性の欲求や衝動の解発刺激，欲求の生起にともなう生理的・身体的反応，心理的反応，異性や同性への対人行動のイメージを想起させ，個人別に構造を分析しようとするものである。換言すれば，特定個人の性に関連する重要な概念やイメージの構造，いわばコンプレックス構造の把握を目指すものである。

　さて，内面世界のイメージを数量的に検討する有力な方法として知られているのは，Jung が初期の一連の研究で用いた連想検査である（Jung（1904-1910）：高尾浩幸訳（1993）『ユング・コレクション 7 診断学的連想研究』参照）。しかし，この方法では精神医学的な診断一般に適用するための連想刺激があらかじめ決められており，性に直結した分析には適さないと考えられる。また，連想反応の構造を個人ごとに分析することができない。これに代わって，直接的に性に関連した連想反応を収集し，個人ごとに構造を検討できるのが，内藤（1993a）によって開発された PAC 分析の技法である。これは，当該テーマに関する自由連想，連想項目間の類似度評定，類似度距離行列によるクラスター分析，当人によるクラスター構造の解釈を通じて，個人別に態度構造を分析する方法である。この技法によって，性の欲求や行動に関連する事項として想起されたり，イメージされた項目を取り上げ，これらの項目間の直感的イメージ上での類似度を評定させることで，被験者が意図的・論理的に分析すること

が困難な多くの要因を取り上げて，構造を析出できる可能性がある。また構造は，被験者自身にとって意味のある独特なニュアンスを持つ項目から構成されると考えられる。こうした項目から構成された構造を連想者自身に解釈させることで，構造の各部分に沿った関連事項がさらに想起・イメージされ，続いて各下位構造間を比較させることで，それぞれのクラスターの内包（コンプレックス）の輪郭が浮かび上がることになるであろう。

上記の個性記述的な分析法の特徴は，被験者ただ一人による繰り返しなしの平均値も分散もないデータに基づき，測定時点での被験者に特有な態度構造を数量的に解析できる点にある。この構造は，実験者やカウンセラー等の主観を交えた解釈によって抽出されたものではなく，被験者自身の項目間類似度評定によって析出されたものである。そして操作的・客観的・数量的に析出されたクラスター構造を媒介として，被験者自身が内界を主観的に探索するとともに，実験者もまた間主観的に被験者の現象的な世界を了解することになる。実験者だけが単独で構造データを解釈するのではなく，共に解釈を検討するという特異な点は，内藤(1993a)が「現象学的データ解釈技法」と呼ぶものである。このデータ解釈技法は，被験者の独自な主観的な態度構造の解釈は，被験者自身による解釈の報告という支援なしには困難であるという，自明ともいえる性質と実際的な解決法として誕生したものである。

以上のような背景の基に，本研究では，ステディな性愛関係にある異性のパートナーをもつ被験者を対象として，性の欲求や衝動の解発刺激，欲求の生起にともなう生理的・身体的反応，心理的反応，異性や同性への対人行動に関する態度が，個々人において全体としてどのように構造化されるかを，PAC分析によって検討しようとするものである。併せて，それぞれに特異な連想項目や構造の析出

や解釈が得られるか否かによって，PAC 分析の有効性を確認することを目的とする。

# 方　　法

**被験者**　　被験者は，実験者とは初対面の女性で，実験の主旨と実験者以外への匿名性が保証されていることを説明して応じた，専門職職業人（30歳代半ば）1名，大学4年生（20歳代前半）3名であった。実験終了後に，いずれも，未婚で，ステディな性愛関係にある異性のパートナーとの性行為の経験をもっていたことが明らかとなった。

**手続き**　　実験はすべて個人別に研究室で実施された。まずはじめに連想刺激として，以下のように印刷された文章を提示するとともに，口頭で読み上げて教示した。

「あなたは，どのような刺激によって，またどんな場面や状況で性の衝動や欲求を感じやすいでしょうか。そして性の衝動や欲求に対して，どんな生理的反応や身体的反応が生じるでしょうか。また欲求が生じた時に，どんな風に感じたり，どんな行動をしがちでしょうか。異性あるいは同性に対してどんな行動をしたいと感じたり，実際に行動するでしょうか。頭に浮かんできたイメージや言葉を浮かんだ順に番号をつけてカードに記入して下さい。」

ついで，おおよそ縦3 cm，横9 cm の大きさのカードを40～50枚程度被験者の前に置き，頭に浮かばなくなるまで自由連想させた。この後，今度は肯定か否定かの方向にかかわりなく重要と感じられる順にカードを並べ換えさせた。ついで項目間の類似度距離行列を作成するために，ランダムに全ての対を選びながら，以下の教示と7段階の評定尺度に基づいて類似度を評定させた。

**教示と評定尺度**　　教示は，下記の〈教示と評定尺度〉が印刷された用紙を被験者に提示したまま，「　」の部分を口頭で読み上げることでなされた。

「あなたが，性の欲求や衝動，また反応や行動に関連するものとしてあげたイメージや言葉の組み合わせが，言葉の意味ではなく，直感的イメージの上でどの程度似ているかを判断し，その近さの程度を下記の尺度の該当する記号で答えて下さい。」

　　　　非常に近い…………………A
　　　　かなり近い…………………B
　　　　いくぶんか近い……………C
　　　　どちらともいえない………D
　　　　いくぶんか遠い……………E
　　　　かなり遠い…………………F
　　　　非常に遠い…………………G

**クラスター分析及び被験者による解釈の方法**　　上記の類似度評定のうち，同じ項目の組み合せは 0，A は 1，B は 2，C は 3 というように，0 から 7 点までの得点をあたえることで作成された類似度距離行列に基づき，被験者別にウォード法でクラスター分析した。ついで析出されたデンドログラムの余白部分に連想項目の内容を記入し（Fig. 11 参照），これをコピーして 1 部は被験者がもう 1 部は実験者が見ながら，以下の手順で被験者の解釈や新たに生じたイメージについて質問した。まず，実験者がまとまりをもつクラスターとして解釈できそうな群ごとに各項目を上から読み上げ，項目群全体に共通するイメージやそれぞれの項目が併合された理由として考えられるもの，群全体が意味する内容の解釈について質問した。これを繰り返して全ての群が終了した後，第 1 群と第 2 群，第 2 群と第 3 群，第 1 群と第 3 群というように，クラスター間を比較させて

イメージや解釈の異同を報告させた。この後さらに，全体についてのイメージや解釈について質問した。続いて，実験者として解釈しにくい個々の項目を取り上げて，個別のイメージや併合された理由について補足的に質問した。最後に，各連想項目単独でのイメージがプラス，マイナス，どちらともいえない（0）のいずれに該当するかを回答させた（Fig. 11の連想項目の後ろに付加された（ ）内の符合を参照，Fig. 12以降も同様）。

## 結果と考察

各被験者の連想項目およびクラスター分析の結果は，Fig11.からFig. 14のようになった。連想項目数は，最少12から最大15でほぼ同じと見なせる数であった。内容に関しては，恋人に関する項目が存在するなどの共通点もあるが，細かい部分ではかなりの違いが見られるようである。まずはじめに各被験者の反応や構造を個別に吟味してから，全体としての共通点や差異点を検討することにしたい。なお，クラスターの数の決定については，内藤（1993c）と同じく，まず実験者の試案的なクラスター構造の解釈を腹案とし，各クラスターの項目を上から順に読み上げ，それらへの被験者自身のイメージや解釈を報告させる。そして被験者によるクラスターのまとまりが実験者と異なって分割されたり併合される場合には，被験者のイメージに沿って群の数を変更し，総合的に解釈する方法を採用した。本研究ではいずれの事例においても，実験者の想定したクラスターの分割と被験者の解釈イメージが一致した。

### 被験者Aの事例
被験者Aは，専門職につく職業人であり，年齢は30代半ばである。

```
0                                    距 離         11.530
 2 > +----+ 彼に会いたいと思う(+)
 3 > +----+ 孤独感や淋しさを感じた時(+)
 4 > +-----+ 彼と会っている時・電話で話している時(+)
 7 > +------------+ あまり大勢の人と会いたくない(-)
 6 > +--+ 打ち消す(-)
10 > +--+    何か他にやらねばならない事を見つける(-)
 1 > +--------+ ひとりだと感じる(+)
 5 > +--------+ 大切な友人と会う(+)
13 > +----------------------+ 恋愛に関する本を読む(-)
 8 > +--+ 心拍数の増加・ドキドキするかんじ
11 > +--+   雑誌・映画などで性的な場面を見た時(-)
 9 > +-+ 下腹部・陰部のあつくなるかんじ(+)
12 > +-+    性的描写のありそうなビデオを見る(-)
```

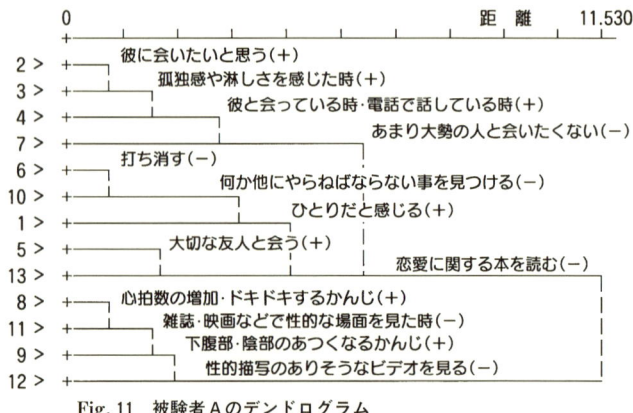

**Fig. 11　被験者Aのデンドログラム**
1)左の数値は重要順位
2)各項目の後ろの(　)内の符号は単独でのイメージ

クラスター分析の結果は Fig. 11 のようになった。まず連想項目の中で，重要順位の高い順にほぼ1/3となる4項目を取り上げると，①ひとりだと感じる，②彼に会いたいと思う，③孤独感や淋しさを感じた時，④彼と会っている時・電話で話している時，となる。これらの項目からは，孤独感や淋しさが彼（恋人）に会うことと連合しており，それらが性の欲求の喚起と結びついていることを窺わせる。つぎに全項目の単独でのイメージをみると，プラスが7，マイナスが6で，プラスイメージとマイナスイメージが均衡ないしは葛藤していることを示唆する。

以下に被験者自身による構造の解釈をとりあげ，その後で総合的に解釈する。

**被験者Aによるクラスターの解釈**　クラスター1は「彼に会いたいと思う」～「あまり大勢の人と会いたくない」までの4項目：生活していてときどき淋しかったり，孤独だったりということを感じることがときどきあって，それはあんまり外で解放したり，人と騒い

だりというのは自分に合わない。一番大切な人と会いたい。その人との時間を過ごしたいという感じだと思います。あのー，自分が安定していられる，安心していられる場所が非常に欲しいんだと思う。それを守りたいと思います。やはり今の私にとっては，彼の存在が大切。

クラスター2は「打ち消す」〜「恋愛に関する本を読む」までの5項目：物理的に彼と離れていること，結局人は一人だという自分にある考え。あることで，例えば淋しい，会いたいと思っても打ち消したり，他のことに意識を向けようとしているんだと思う。結局最終的に一人で生きていくのだと思う。ただ，自分の生き方とか生活に（ついて）相談したりアドバイスを求めたい，大切な友人（同性）に会うことが浮かんできた。恋愛の本を読むというのは，恋愛の本を読むことで，頭で理解しようとして，こういう行動を起こすのだと思う。恋愛や性的なものを自分の中に感じたりすることよりも，一人で自分でやっていかなければいけないということが大切だと思っているかどうかわからないが，大きい。それが私らしさだと思っているところがある。

クラスター3は「心拍数の増加・ドキドキするかんじ」〜「性的描写のありそうなビデオを見る」までの4項目：これはえーと，身体的な単純な反応ということでまとまっていると思う。それと性的行動や欲求に対してのストレートなイメージでまとまっていると思う。イメージじゃないけど，身体的なものと恋愛とか精神的なもの，男性と女性というものには自分の中で離れていると思う。男性女性というものは，セックスとかそれから男性らしさとか女性らしさのことだと思います。たぶん自分が女性であるということ，身体的に女性である女性としての性的な衝動であることと，自分が女性として生きていくことが別々になっているのじゃないかと思いますけど。

クラスター間の比較と全体について：さっきと矛盾することをいってもいいでしょうか？　身体的なことと精神的なことがわりと離れていると思うが，精神的と身体的が離れていると思ったが，一番上の部分（クラスター1）と下の身体的部分（クラスター3）はわりと関係があると思う。身体的な部分，精神的な部分を含めた女性の部分と，一人の人間としての自分が一つになりたいと思っていて，バラバラな自分がこういう風にできていると思う。

補足質問：「打ち消す」→性に関する衝動もあるし，彼と会うとか，彼に頼るというのを打ち消すということがある。

以上の被験者の解釈で注目されるのは，「身体的・精神的な女性の部分と一人の人間としての自分がバラバラである」との気づきがもたらされたことである。被験者自身の性についての独自な体験様式の存在と自己認知の変化が見られるが，筆者の解釈を加えて総合的に解釈してみよう。

**被験者Aについての総合的解釈**　　まず，各クラスターの内容について吟味した後で，それらの関係や全体的特徴について考察する。

クラスター1：「あまり大勢の人と会いたくない」は，大切な人と親密な時を過ごすのが合っているという被験者の傾向を示すこと，安定している安心していられる場所が欲しい，と表明されていることから，〈**恋人とのやすらぎと安定**〉のクラスターであると解釈できよう。「孤独感や淋しさを感じた時」がプラスイメージなのは，恋人に会うことを連想させたり，実際に会うことによるのではないかと考えられる。

クラスター2：「打ち消す」が性に関する衝動，恋人に会うこと，恋人に頼ることを打ち消すことであり，積極的には「何か他にやらねばならない事を見つける」ようにしようとしている。そのことが「ひとりだと感じる」ことになり，彼と会わないことを理性的に処

理しようとして「恋愛に関する本を読む」ことになる。また理性的に対処する手段として，生き方や生活についてアドバイスをあたえてくれる同性の「大切な友人と会う」ことになると解釈できる。そこでこのクラスターは，**〈性の欲求や恋愛の否定と自立〉**として命名することができよう。「打ち消す」や「何か他にやらねばならない事を見つける」がマイナス感情と結びついているのに，「ひとりだと感じる」がプラスなのは，「ひとり」が自立をも意味するからではないかと推測される。

クラスター 3：「心拍数の増加・ドキドキするかんじ」「下腹部・陰部のあつくなるかんじ」は性の身体反応であり，いずれもプラスのイメージである。これに対し，「雑誌・映画などで性的な場面を見た時」「性的描写のありそうなビデオを見る」は性的な身体反応の喚起刺激であり，いずれもマイナスイメージとなっている。これは身体反応そのものは肯定的に受容でき，性的な描写のありそうなビデオを見ようと自ら試みるのではあるが，恋人ではなく映像によって性的に興奮させられることに嫌悪感があることを示すものであろう。このクラスターは**〈性の身体的反応と映像による喚起〉**であるといえよう。また，「ビデオを見ること」がクラスター2の「恋愛の本を読むこと」と結合しているのは，被験者による単独での性の衝動への対処行動として関連があると考えられる。

全体として：クラスターの構造が，恋愛行動である**〈恋人とのやすらぎと安定〉**と，性衝動の身体反応である**〈性の身体的反応と映像による喚起〉**との間に，くさびを打ち込むように**〈性の欲求や恋愛の否定と自立〉**が介在し，3つの部分に分割されていることが象徴するように，被験者の自立への意志が身体的・精神的な女性として生きることの側面と統合されておらず，バラバラに解体されているといえよう。

とくに補足的な質問において「打ち消す」が，性に関する衝動，恋人に会うこと，恋人に頼ることなどを打ち消すこととして回答されたことは注目される。Dowling(1981)が女性に普遍的に存在することを指摘したシンデレラ・コンプレックス(Cinderella complex)では，①外から来る何かが自分の人生を変えてくれるという空想，②自立することへの隠された恐怖，③男性によって安全に守られ，面倒をみてもらいたいという根深い依存傾向，④拘束を脱して自由になりたい欲求と，自立を回避し男性によって救われたいという欲求との葛藤，の4つが中核にあると仮定されている。被験者Aの性に関する連想反応に基づくクラスター構造の析出結果，被験者自身による各クラスターについてのイメージや解釈，全体構造の意味するものへの気づきは，まさにシンデレラ・コンプレックスの存在とこれへの気づきに他ならないといえよう。

### 被験者Bの事例

被験者Bは，学部の4年生で，年齢は20代前半である。クラスター分析は Fig. 12 のようになった。連想項目のうち重要度順に1/3までをあげると，①好きな相手が側にいるとき，②求められたとき，③やさしい気持ちになる，④抱き合いたい，の4項目となる。これらは，恋人との性的結合を希求していることを示すものである。全項目の単独でのイメージを見ると，「はだかでいること」の1項目だけがどちらともいえないの「0」であり，他の11項目は全てプラスであった。恋人との性的・身体的結合を圧倒するほど肯定的に受容していることを示すものである。

**被験者Bによるクラスターの解釈**　　クラスター1は「好きな相手が側にいるとき」〜「ひとつになりたい」までの6項目：セックス。好きな相手と一つの部屋で，抱き合って，うーん，ほらセックし

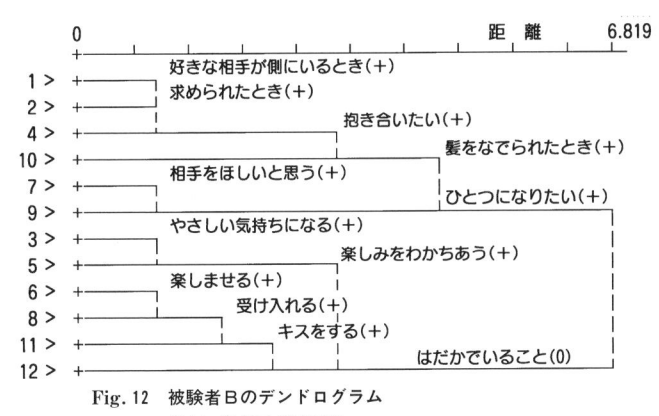

```
  0                                        距 離    6.819
  ├─────────────────────────────────────────────┤
1 >  ├──┬──好きな相手が側にいるとき(+)
2 >  ├──┘   求められたとき(+)
4 >       ├────────────抱き合いたい(+)
10 >      │            ├──────髪をなでられたとき(+)
7 >  ├────┤相手をほしいと思う(+)
9 >  ├──┬─┘            ├──ひとつになりたい(+)
3 >  ├──┘やさしい気持ちになる(+)
5 >       ├──────楽しみをわかちあう(+)
6 >  ├─楽しませる(+)
8 >  ├─┤受け入れる(+)
11 >     ├─キスをする(+)
12 >                       はだかでいること(0)
```

**Fig. 12 被験者Bのデンドログラム**
1)左の数値は重要順位
2)各項目の後ろの( )内の符号は単独でのイメージ

たい。安定している。それから，明るいイメージ。このままの時が続く，続いて欲しい。その他には，…………，相手を自分のものにしたい。

クラスター2は「やさしい気持ちになる」～「はだかでいること」までの6項目：明るい。楽しい。安定感。自由。瞬間。今思えばそのくらい。瞬間の楽しさ。平安な気持ち。

クラスター間の比較と全体について：下のグループ（クラスター2）は，ほんとにその瞬間にこういう気持ちでいたり，こういう感じでいたいという感じで，上（クラスター1）は相手を離さない，自分だけにしたいという感じ。下が瞬間的な感じで，上がずっと続いていたい持続的な感じ。全体としては，楽しさ，とー，好きな相手を側に置いておきたい。そのままの状態を続けたい。

補足質問：「相手をほしいと思う」→セックスのイメージでもある。誰でも渡さない。「ひとつになりたい」→裸で一つになりたい。身体的に。「楽しませる」→楽しいセックス。楽しい会話。楽しませ

るのは相手の方。「受け入れる」→相手の全てを。セックスも，考え方も，あとは全て許す。

**被験者Bについての総合的解釈**　クラスター1:「相手をほしいと思う」がセックスのイメージでもある，誰にも渡さない，となっていること。クラスター1とクラスター2の比較で，「持続的な感じである」と回答されたことから，単に一時的な性的結合の希求ではなく，Leeの類型での狂気的な愛(Mania)の一部を含むような，独占的で持続的な性愛関係を求めているといえよう。したがって，〈**恋人との独占的性結合への熱情**〉のクラスターであると命名することができよう。

クラスター2：このクラスター全体のイメージが「瞬間」であること。また，「楽しませる」が楽しいセックス，楽しい会話，となっていること。「受け入れる」「キスをする」「はだかでいること」がまとまっていることから，〈**恋人との性行為**〉のクラスターであるといえよう。

全体として：この被験者のクラスター構造は，持続的で独占的な性関係を求める群と性行為そのものの群の2つのクラスターによって構成されている。クラスター1の「ひとつになりたい」とクラスター2の「はだかでいること」が結合されていることが象徴するように，強い正の報酬価をもつ性行為と性欲求の解発刺激として焦点化した恋人を独占的に占有しようとする欲求とが，相互に循環的に補強し合う機制が成立しているといえよう。性行為が恋愛関係を強化する典型ともいえる例であると見なせよう。

## 被験者Cの事例

被験者Cは，学部の4年生で，年齢は20代前半である。クラスター分析の結果は，Fig. 13のようになった。重要順位の高い順にほぼ

```
 0                                          距 離    13.018
 +------------------------------------------------+
1 > +-+ 今現在、男の人に対して少し嫌悪感がある(−)
2 > +-+   女は長い期間、何もなくても平気だ(0)
        今は性の欲求というものがほとんどない、というわけでは
4 >   +--+ ないがとにかくない(0)
      性行為がそんなに楽しいものだと思えない(−)
3 >   +-+ 嫌だと思ったら、はっきり断る(+)
5 >     +-+ 欲求が生じても、自分からは行動しないと思う(+)
6 > +-+ しょうがない(0)
7 > +-+   かわいそう(0)
8 > +-+     受 身(0)
9 > +-+                                お風呂に入ったあと(+)
10> +-+ こっそりビデオや雑誌を見ている父が私はあまり好きではない(0)
11> +-+ 父が新聞の間に隠している雑誌(0)
12> +-+ 父が隠していたビデオ(0)
13>
```

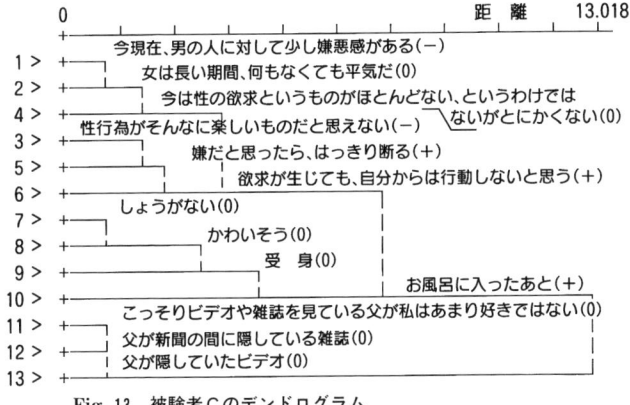

**Fig. 13　被験者Cのデンドログラム**
　1) 左の数値は重要順位
　2) 各項目の後ろの( )内の符号は単独でのイメージ

1/3までの連想項目をあげると、①今現在、男の人に対して少し嫌悪感がある、②女は長い期間、何もなくても平気だ、③性行為がそんなに楽しいものだと思えない、④今は性の欲求というものがほとんどない、というわけではないがとにかくない、となった。これらの4項目は、被験者Cにとっては強い性の衝動や欲求が感じられず、性行為を求める男性に対しての嫌悪感が存在することを窺わせるものである。単独での項目のイメージを見ると、どちらともいえないの「0」が全体の61.5％にも達する8項目もあるのが注目される。プラスもマイナスも、方向についてはともかく、感情的な関わりがあることを意味すると仮定するならば、感情的に関われない性的事項の連想が多いことを示唆することになろう。

**被験者Cによるクラスターの解釈**　　クラスター1は「今現在、男の人に対して少し嫌悪感がある」～「欲求が生じても、自分からは行動しないと思う」の6項目：嫌って、まず嫌だなですけど。……あんまり考えたくないことですね。他はないんです。とにかくあまり

考えたくないから，そんなにいうことないです。とにかく，男の人が今嫌になっちゃっているんで，うーん……，うーん……。とにかく，男の人の性の欲求というのが，あまり考えたくないことですけど。興味の対象外という感じですけど。

クラスター2は「しょうがない」～「お風呂に入ったあと」までの4項目：今つき合っている人への感情というか，うーん……。何か浮かばないんです，…………。性行為をするときの状況という感じですけど。今そんなに自分はそんなに性行為をしたくないと思っているけど，向こうがその気だから流されていくという感じで，……。離れているんで，めったに，月2回ぐらいしか会えないんで，そうすると，断るとやっぱりかわいそうかなと思っちゃうんですけど。どうして男の人っていうのは，そう性行為をしたくなるのかなと，最近とくに思うんですけど。…………何か女の人がそういう，ただ性行為のための対象だけのような感じがして，何かいま嫌なんですけど。うーん，……。あんまりそういうことが考えられないですよね，ちょっと考えたくないというか。他はないです。

クラスター3は「こっそりビデオや雑誌を見ている父が私はあまり好きではない」～「父が隠していたビデオ」までの3項目：何ていうんだろ。何か男の人の性欲っていうのをかいま見てしまったような感じです。こんな場面は見たくなかったという感じです。他はないです。(まとまったのは)父の，ふぅ……，性欲というかそんな感じです。他はないです。

クラスター間の比較と全体について：(クラスター1と2の関係は)紙一重です。嫌な気はあるんだけど，でも嫌じゃない気もあるし，う……ん……。今は嫌な気の方が強いんだけど，最近2週間ほど会ってないんで，もし会って何かの拍子に嫌じゃなくなるか知れないけど，何かはわからない。会ってみないとその状況はわからな

いです。うーん，わからないから，うーん，どっちに転がるかわからないという感じです。（クラスター1と3については）これはそんなに関係ないです。別です。考えは，うーん……。父とは親子ですからそう関係なることはありえないですから問題外です。他はないです。（クラスター2と3については）これもまた全然関係はないです。父と一緒にする気はないですから，全然関係ないです。他はないです。

　（全体イメージについては）やはり男の人に対しての嫌悪感だと思います。考えたくないことです。ちょっといいづらい感じです。あんまり人にしゃべりたくないことで，意識しちゃうんで難しいですね。今つき合っている人が，はじめてなんです。性的にも，肉体的にも，向こうも結婚を考えているので，このまま結婚ということになるので，……。他の人ともつき合ってみたい。男の人にもいろいろいるので。それが気になっている。こんなことをつき合っている人にはいえないですけど。（クラスター2と3の出来事については）3の（父の隠された性欲の発見）方が先，その後で2の人（恋人）とつき合った。……，最近高校生が殺された。セーラー服や女性の下着を買う人を（テレビの）アナウンサーがインタビューしていた。首から下だけ写して，「臭いを嗅いだりしている」って聞いて，急に嫌な感じがした。アルバイト先の店員とか他の人は別に思わないけど，彼氏（恋人）だけが嫌なんです。自分でもわからないけど。

　補足質問：「しょうがない」→あんまりその気がないこともあるんですけど，たまにしか会えないからしょうがないという感じなんですけど。「かわいそう」→つき合ってはいるけど月に1回とか2回とかだから，何か向こうが欲求不満になるんじゃないかなと思って，かわいそうに思うんですけど。「受身」→自分があんまりそういう行

為(性行為)をしようとは思わないで受け身という感じです。「お風呂に入ったあと」→そういう雰囲気になってで,そのまま流されるという感じなんですけど。彼と入っているときも,一人で入っているときもあるんですけど。あがった後服を着ないので,そういう雰囲気になるんですけど。

上記のクラスターの解釈やイメージは,既述の被験者Bの事例とは逆に,性行為に関する嫌悪と恋人への両価的感情を示唆するものであるが,筆者による解釈も加えて総合的に考察してみよう。

**被験者Cについての総合的解釈** クラスター1:「今は性の欲求というものがほとんどない」「性行為がそんなに楽しいものだと思えない」「欲求が生じても,自分からは行動しないと思う」「女は長い期間,何もなくても平気だ」の項目は,被験者が性の欲求をあまり感じていないことを示す。また,「今現在,男の人に対して少し嫌悪感がある」と「嫌だと思ったら,はっきり断る」は,男性との性行為への否定的感情を示すものである。そこでこのクラスターは,恋人に会っているうちに何かの拍子に嫌ではなくなる可能性を予感してはいるものの,現時点では〈**性行為への否定的感情**〉を示すものであると解釈できよう。

クラスター2:会う回数が少ないし,性的に欲求不満になる恋人を「かわいそう」に感じ,要求に対して「受身」で,「しょうがない」と流されるが,「風呂に入ったあと」裸でいるうちに性行為をする気になってくる。〈**恋人の性的要求への消極的受動**〉のクラスターとよぶことができよう。

クラスター3:いずれも父親の性に関する「雑誌やビデオ」についてで,「こっそり」とか「隠している」「隠していた」ものであり,被験者は男性の性の欲求をかいま見るとともに,隠されねばならない否定的なものとしての性欲求のイメージを父親から伝達されてい

る。そうした性欲求をもつ父親に対して,「あまり好きではない」の表現に微妙に現れているように,アンビバレントな感情を抱いている。女子高校生を殺害したり,首から下を写された男性が女性の下着などの臭いを嗅ぐ,セーラー服を買うなどの報道は,男性の性欲求への嫌悪感を強めるものであった。こうした事項を連想させる恋人からの性行為の要求は,唯一の性行為の相手である彼氏(恋人)への嫌悪を感じさせている。そこでは,父親は愛する男性の象徴であり,彼の隠された性欲求は男性一般の隠された性欲求を象徴するものであると考えられる。つまりこのクラスターは,**〈愛する男性の隠された強い性欲求〉**を意味するといえよう。

 全体として:ここで Fig. 13 に注目すると,連想項目の左に記載された重要順位に特異な傾向のあることに気づく。すなわち,第3位と第4位が入れ替わっているのを除いて,下に行くほど一貫して順位が下がるという点である。最も重要なのは男性に対する少しの嫌悪感であり,最も低いのが父によって隠された性欲求である。クラスターとしてみると,**〈性行為への否定的感情〉**と**〈愛する男性の隠された強い性欲求〉**が両極にあり,その間に**〈恋人の性的要求への消極的受動〉**があることになる。性行為への否定的感情と「嫌だと思ったら,はっきり断る」との自分の意志を堅持しようとしながらも,愛する男性の性的要求に直面し,感情的にも肉体的にも流されしまう自己を直感的に感じていると推論できるのである。第1クラスターの「欲求が生じても,自分からは行動しないと思う」,第2クラスターの「お風呂に入ったあと」,第3クラスターの「父が隠していたビデオ」が結合されているのは,こうした推論を裏付けるものと考えられよう。また,クラスター構造の解釈に際しても,①沈黙ないしは溜息の多いこと,②「考えたくない」とのしばしばの表明,③「他にはないです」のしばしばの断定の後に続く解釈の報告

は，被験者の不安の存在を推測させる。この被験者Cにとっては，性欲求へのマイナスイメージが隠されたメッセージとして父親やマスコミから伝達され内面化され，愛する父親や恋人への両価感情を生じ，さらには恋人と性行為を行う自己自身へのマイナス感情を感じることになったと仮定することができよう。また，もっと多くの男性との恋愛関係を経験しないうちに，恋人と性行為を続けていることへの苛立ちも，上記の機制から派生しているのではないかとも推測できる。こうした諸要因や機制が被験者の性への疎隔感を生じ，快感や充足を妨げているのではあるまいか。

上記の仮定や推測がどれほどまで妥当であるかは別にしても，性行為が負の報酬価を持ち，このことが恋人へのアンビバレントな感情を生起させるケースに該当することには異論がないであろう。

### 被験者Dの事例

被験者Dは，学部の4年生で，年齢は20代前半である。クラスター分析の結果が，Fig. 14 に示されている。重要順位の高い順に1/3までの項目をあげると，①彼に会いたくなる，②彼に電話をかける，③お金をためる，④彼の写真をみる，⑤手紙をもらう時，の5項目となった。これらはいずれも恋人との交流を求める内容からなっている。項目単独のイメージは，プラスが9，マイナスが4，どちらともいえないの「0」が2であった。全体としてはプラスのイメージの方がいくぶんか強いことを示唆している。

**被験者Dによるクラスターの解釈**　クラスター1は「彼に会いたくなる」〜「修学旅行」までの8項目：彼（恋人）の顔が浮かびます。会いたくても会えない人だなあと思います。今は離ればなれというか，高校の同級生で，大学が別々になったので，4年間今は離れてつき合っている。あとはそんなに感じませんけど。彼に会いた

```
         0                         距　離   8.954
 1 >  +─┐     彼に会いたくなる(0)
 2 >  +─┴─┐   彼に電話をかける(+)
10 >  +───┴─┐ デートをした帰り(+)
11 >  +─────┤ さみしい夜(-)
 4 >  +─────┴─┐ 彼の写真をみる(+)
 3 >  +───────┤ お金をためる(+)
 5 >  +───────┴──────┐ 手紙をもらう時(+)
 9 >  +──────────────┤ 修学旅行(+)
 7 >  +─┐            │ 自分の部屋(+)
 8 >  +─┴──┐         │ 彼の部屋(+)
13 >  +────┤         │ 男の子(0)
12 >  +────┴─┐       │ 音楽を聞く(-)
14 >  +──────┤       │ 雑　誌(-)
 6 >  +──┐   │       │ 力が抜ける(+)
15 >  +──┴───┴───────┘ いやらしいテレビ(-)
```

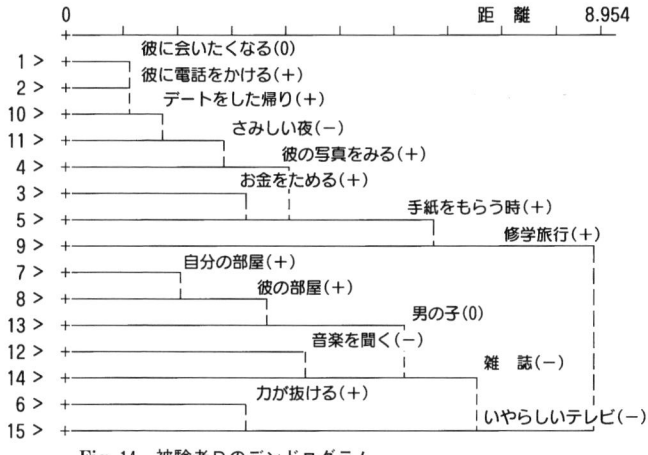

**Fig. 14　被験者Dのデンドログラム**
1) 左の数値は重要順位
2) 各項目の後ろの( )内の符号は単独でのイメージ

くなる，そういう言葉からまとまっているグループだと思います。他にはないと思います。

　クラスター2は「自分の部屋」～「いやらしいテレビ」までの7項目：自分の部屋と彼の部屋は彼との思い出の場所と考えて，あとの5つはあまり関係がないです。男の子と雑誌と力が抜けるというのは，彼と関係があるかなという感じがします。男の友達は彼しかいないし，雑誌も彼の家においてあるいやらしいテレビ（筆者注：ビデオのことか？）を見たときで，彼と一緒だと力が抜ける感じがします。性的欲求を感じたとき，音楽を聞いているのかなという感じがします。雑誌は彼の部屋で読んだことがある。性的なもので，そんなにいやらしくないのだけれど，女性の裸が載っていたり，特集が組んであった雑誌。音楽を聞くのは自分の部屋です。雑誌を見るときはいつも彼と一緒だったんで，「おもしろいね」という感じ。自分から見ようとは思わなかったんで，雑誌というよりも彼に対して

あったのかも知れない。いやらしいテレビを見ると力が抜けるのかな？　うん。で，テレビとか雑誌というのは情報というかあたえられるというか，見ようと思わないのにあたえられるのでくっ付いているんじゃないかと思います。全部部屋の中で起こることなのかな？　男の子というのがよくわからないですけど。範囲が狭いと思います。もっと目を広く向ければ楽しいなと。遊ぶ場所が狭い。もっと思い出を作りたい。音楽を聞くというのでも，何かスポーツをするとか。家に閉じこもりがちなイメージがしますので，もっと外に出て遊ぼうと。

　クラスター間の比較と全体について：上のグループ（クラスター1）は彼に会いたくてたまらない思いが欲求不満になっているのかなというのと，下（クラスター2）は上に関係するように彼とのことを考えたことかな。あまり性的なことは高校時代に彼に教えてもらったのが原因なのかなと思いました。性の対象は彼一人にしか向けられない狭さを感じます。一緒にいたいし，楽しいし，安心するし，幼いというか，10代半ばからつき合っているから，理性的な人としてつき合ってなかったので，性的な対象として感じたのははたち（20歳）ぐらいからで，お互いに未熟なのかも知れない。

　今はないんですけど，1回だけ彼が浮気をしたんですけど，そのとき1回（2年前の性交の経験）ありましたけど，そのとき以来やってません。（そのことについて）彼も後悔してるみたいで，今は月1回会っているけどそういうことをしない。結婚してからと約束しているので，キス程度です。

　［ところが，後で実験全体の感想を聞いている際に，次のような開示があった。］彼がマスターベーションするのを見せられたり，手を貸せといわれて貸したりする。入れたいといわれるが，それ以上は嫌な顔をするので諦めてしない。［笑いながら］結婚したら思いっ

きりするといわれている。

　補足質問：「お金をためる」→彼に会いたくなるので，○○まで行くのが遠いので，バス代を貯めて会いに行かねばと思いました。貯めて行った。「修学旅行」→2年生のはじめ。彼との思い出です。クラスは1年から3年まで同じであったが，そのとき彼の方が（交際を）申し込んだ。そのときからつきあいが始まった。「自分の部屋」「彼の部屋」→思い浮かべるのは二人でいるときの様子。性の欲望は彼と会うことで満たされる。抱き合っても，照れちゃってぎくしゃくしちゃう。

　**被験者Dについての総合的解釈**　　クラスター1：「さみしい夜」など孤独を感じたとき，高校時代の「修学旅行」以来つき合っている「彼（恋人）の写真をみたり」，「会いたくなる」し，「電話をかける」。また，「手紙をもらう時」には写真を見たりして，会いに行くためのバス代となる「お金をためる」。しかし「デートをした帰り」の後には，再び「さみしい夜」が訪れる。これらは離ればなれに暮らしている〈**恋人に会いたい熱情**〉を示すものであるといえよう。

　クラスター2：被験者の性的欲望は，「自分の部屋」「彼の部屋」で恋人に会うことだけで満たされる。そして部屋の中だけではない思い出を作りたいと感じている。しかし，「男の子」である恋人は彼女に，性的衝動を雑誌やビデオ等を一緒に見ることで，あるいはより直接的に，性行為を要求してくる。恋人との一度の性交経験をもつ被験者は，彼の性の欲望に直面して「力が抜ける」が，恋人のマスターベーションを手伝うまでで，それ以上は結婚してからと拒絶する。連想項目と被験者の解釈やイメージを総合するならば，〈**性の欲望と結婚**〉のクラスターであると考えることができよう。

　全体として：高校時代の修学旅行以来の唯一の男友達との友愛は，大学進学で離ればなれとなっても継続した。20歳のとき，友愛は恋

愛に変わる。しかし，彼は別の女性に「浮気」をした。恋愛の危機に直面した彼女は，恋人と性行為を行うことでつなぎ止める。第1クラスターの「修学旅行」と第2クラスターの「いやらしいテレビ」が最終的な結合をもたらしているのは，修学旅行での交際の申し込みと，いやらしいテレビによる間接的な性的欲望の開示が，いずれも彼からもたらされたことの象徴的意味を暗示すると解釈できよう。だが関係を回復した彼女は，自身が「性の欲望」を感じながらも，身体的な性愛である性交は結婚してからとの信念を貫こうとし，彼に後悔をさせ，ペッティングまでの関係に押し戻してしまう。

　被験者の，性行為は結婚してからとの信念の存在と自我防衛の強さは，次のことからも推測される。直接的には，①連想項目の中に性関係を示唆するものが出現しなかったこと，②性行為の経験をもち現在はヘビーペッティングの関係にあることを，実験者へのかなり強いラポートが形成された実験終了間際まで，開示しなかったこと，があげられよう。間接的には，クラスターの解釈が表面的で，回答内容に矛盾があっても（クラスター2の解釈参照）振り返って統合しようとしないこと，いわば「気づき」を避けようとしていたことから推量されよう。

　被験者Dの事例は，友愛から恋愛，性愛への進展，結婚と性行為についての信念と性行為の持続様式についての示唆に富んだものであるといえよう。

## 総合的考察

　本論文で取り上げられた女性を対象とした4つの事例は，実験された全てであり，典型として選び出されたものではない。実験者以外への匿名性が保証された科学的研究であるとはいえ，初対面の被

験者に対して実施されたものである。私的な性の欲求や行動の内面深くを実験者に開示するに必要なラポートが，実験の初期段階から十分に形成されていたとはいえないであろう。しかしそうした制約を受けながらも，本研究の実験結果をみると，偶然という僥倖に恵まれた可能性があるとはいえ，いずれもが典型と見なせるような構造分析となっている。

　最初の被験者Aの事例では，恋人への依存と自立への葛藤が，恋愛感情と身体的な性の衝動や反応との分離を生じさせるシンデレラ・コンプレックスの代表例というべき，性への個人的態度構造が析出され，構造解釈を通じてそのことに被験者自身が気づくという現象が見いだされた。

　被験者Bの事例では，強い正の報酬価をもつ性行為と，性欲求の解発刺激として焦点化した恋人を独占的に占有しようとする欲求とが，相互に循環的に補強し合う機制が成立していると考えられた。性行為が恋愛関係を強化する例であると見なせよう。

　ついで，被験者Cの事例は，性欲求へのマイナスイメージが隠されたメッセージとして父親やマスコミから伝達され内面化され，愛する父親や恋人への両価感情を生じ，さらには恋人からの要求に流されて性行為を行う自己自身へのマイナス感情を生じていると仮定できるものであった。

　最後の被験者Dの場合には，友愛が恋愛へと変わり，破局の危機を修復する手段として性行為が生じる。しかし関係が回復されると，結婚と性行為に関する信念により再び前段階に押し戻してしまう。女性側の強固な規範意識によって進展段階を後戻りしながらも，恋愛関係が壊れない事例として注目に値する。

　上記の各事例の PAC 分析の結果からは，性の欲求や衝動の解発刺激，欲求の生起にともなう生理的・身体的反応，心理的反応，異

性や同性への対人行動，個人規範や社会規範といった多種多様な変数が，個人の中でそれぞれに統合され，態度ないしはイメージとして構造化されていることが明らかにされたといえよう。これらの構造は，小説などに登場する人物像やわれわれの直感的理解とも著しく符合するものである。それゆえに，一見したところでは，自明であり，何ら新しい知見をもたらすものではないと感じられるであろう。しかしながら，本研究での各被験者の構造は，自由連想と多変量解析という技法を援用することによって，初めて科学的・操作的にとらえられたものであるということができよう。

ところで，刺激に対する自由連想，連想項目間の類似度評定，距離行列によるクラスター分析，各クラスターに対しての被験者自身によるイメージや解釈の検討，クラスター間の比較検討という，本研究でのPAC分析の一連のプロセスは，次のことを意味している。すなわち，連想刺激からの自由連想，それらの構造の析出，構造への自由連想や構造の解釈，それら下位構造の輪郭や関係の明確化への進行手順は，「連想刺激」を出発点として「自由連想」と「まとめ」という作業手続きを繰り返すことで，次第に個人の内面深くを掘り下げ，コンプレックス構造の解明へと進んでいく作業に他ならないといえよう（54ページのFig. 1参照）。こうしたプロセスは，カウンセリングの進展段階そのものと対応していると考えられる。大きな違いは，カウンセラーの直観的分析に換えて，客観的・操作的な手続きと数量的な解析法を援用し，被験者自身の連想・評定と解釈の作業に圧倒的な比重を置いていることである。そして，自由連想を利用することで，抑圧等の自我の防衛機制の影響を受けやすい性の欲求や行動の心理的内面構造を抽出することができたのではないかと考えることができる。

それでは，性について個人別に構造分析することの価値とはどの

ようなものであろうか。

　まず臨床社会心理学的な意義をあげることができよう。例えば，性的逸脱行動や性障害の診断とカウンセリングへの活用である。個人的経験内容の変異の大きい性欲求や行動は，多人数に共通するいわゆる普遍的要因の分析だけなく，個人別の分析が必要であるといえよう。個人別分析技法の提案は，臨床的問題に社会心理学の側から応えることになろう。同時に社会心理学領域で問題とされてきた態度の行動予測性の低さを，個人変数を加えることで改善できることになろう。そして，個人別態度構造分析のアプローチは，社会心理学における「個」へのアプローチの1つとして位置づけることができよう。

　第2には，個性記述的な分析によって得られる発見的意義である。態度とはそもそもの定義からして，個人における態度である。したがって，態度構造は最終的には個々人の態度構造として検討されなければならない。集団全体ではなく個々人の構造を吟味することで，集団分析では残差成分として排除されていた要因を発見したり，個人独自の欲求と行動の全体構造に基づく類型の発見や分析も可能となるといえよう。

　第3の意義に関連する問題として，性行動については，個々人の変異が大きく，かつ実験や調査への協力を得難いことがあげられる。複数の要因を組み合わせると，各セルの被験者数はごく僅かとなることが多い。個人別分析は被験者1名での分析が可能であることを意味するので，従来の方法では被験者数の不足によって検討できなかったものを分析することができることになる。とくに少数例による縦断的研究において威力を発揮するであろう。

　上述のようにして，性の欲求や行動の研究に際しては個人別に構造分析をすることが必要であり，この目的のために PAC 分析の技

法を活用できることが明らかにされたといえよう。

　今後は，さらに男性についても検討するとともに，恋愛行動の進展段階と対応させたり，性障害の診断や治療効果測定などへの応用可能性を探っていくことが課題となろう。

## 要　　約

　本研究では，内藤（1993a）によって開発された PAC 分析の技法を利用することで，性の欲求や衝動の解発刺激，欲求の生起にともなう生理的・身体的反応，心理的反応，異性や同性への対人行動に関する全体的・統合的な態度（イメージ）構造を，個人別に分析することを試みた。

　被験者は，実験者とは初対面の女性で，専門職職業人1名，大学生3名であった。また，いずれも未婚で，交際中の異性と性行為の経験をもっていた。

　被験者Aの事例では，恋人への依存欲求と自立への欲求間の葛藤が，恋愛感情と身体的な性の衝動や反応を分離させるシンデレラ・コンプレックスを示唆する構造が析出された。また，構造解釈を通じて被験者自身が気づくという現象が見いだされた。

　被験者Bの事例では，強い正の報酬価をもつ性行為と性欲求の解発刺激として焦点化した恋人を独占的に占有しようとする欲求とが，相互に循環的に補強し合う機制が成立していると考えられた。

　被験者Cの事例は，性欲求へのマイナスイメージが父親やマスコミからの隠されたメッセージとして伝達され内面化され，愛する父親や恋人への両価感情を生じ，さらには恋人の要求に流されて性行為を行う自己自身へのマイナス感情を生じていると見なせるものであった。

最後の被験者Dの場合には，友愛が恋愛へと変わり，破局の危機を修復する手段として性行為が生じる。しかし関係が回復されると，結婚と性行為に関する信念により再び前段階に押し戻してしまう。強固な規範意識によって進展段階を後戻りしながらも，恋愛関係が壊れない事例として注目されるものであった。

　以上の成果を踏まえて，性の欲求や行動を個人別に構造分析することの意義を検討するとともに，こうした目的にPAC分析を活用できることが明らかにされた。

　最後に今後の課題として，男性についても検討するとともに，恋愛行動の進展段階と対応させたり，性障害の診断や治療効果測定などへの応用可能性を探っていくことがあげられた。

# 第V部

# 研究例2：
# 学級風土の事例記述的クラスター分析

第V部では，担任教師の認知を媒介に個別学級集団の風土を分析対象とした応用研究『学級風土の事例記述的クラスター分析』(内藤，1993c) を取り上げる。集団に対して「個」の観点からアプローチした被験者1名で2事例の実証研究であり，また PAC 分析の研究論文としてはじめて学会誌「実験社会心理学研究」に掲載されたこともあり，筆者にとっては感慨ひときわのものである。ある大学でデータを収集し，その意義を直観し，夕刻迫る帰りの電車の中で感動に震えていたことが昨日のことのように思い出される。被験者はこの実験の後で飛躍的に成長したことを伝え聞いている。ただ技法開発の初期段階での研究であるため，クラスターの切断の仕方については直線的なものしか取り上げていないとか，補足質問が十分になされておらず，項目単独での＋－イメージも測定されていないが，研究方法や実践への応用の実際を例示するには十分であると思う。個別集団に関して本格的な研究や実践を試みられる方は，本論文で欠落している測度や実施技術と，個別集団についての理論的考察を補うために，最新技法を駆使した第Ⅳ部の研究例とともに，『個人別態度構造の分析について』(内藤，1993a) での集団へのアプローチに関するいくつかの項を参考にしていただきたい。

## 問　題

　児童生徒の学校生活の中心は所属する学級にあり，その学級の風土が，子どもたち一人ひとりの，学習意欲，交友関係，パーソナリティの発達など，多様な側面に多大の影響を及ぼしていることはよく知られている。こうした**学級風土**の形成や変容には，教室の物理的環境，地域社会，歴史・文化的背景などが関係するが，とりわけ大きな要因としてあげられるのは，教師と子ども，子ども相互の人

間関係である。そして，学級の風土を方向づける最大の要因は，学級担任教師である。学級担任教師の性格や教育指導の態度，教育信念などが，学級の個性的な雰囲気をつくりあげ，風土を決定する最も大きな源泉となる（岸田, 1987）。

　ところで，上記のように，多種多様な要因によって複合的に形成される個々の学級の風土は，どの学級にも共通する個別の普遍的な集団特性だけでなく，シンタリティ(syntality)とよばれる総合的な個性，いわば独自の統合された「顔」をもっている。そこで，子どもたちに多大な影響を及ぼす個々の学級の診断に際しては，共通特性次元での強弱という側面からだけではなく，こうした総合的個性としての独自性をもつ固有な学級風土を診断することが望まれよう。ところが，学級風土の構造分析に関する従来の代表的な研究を見ると，例えば古城(1985)によれば，**集団凝集性**の側面を測定するソシオメトリック・テスト，学校や学級への適応感を測定する**スクール・モラール・テスト**，学級イメージ等を測定する **SD 法**などがあげられる。これらは，いずれも児童生徒の主観的感情に焦点を当て，有力な特定の要因の側面から学級の構造を検討するものである。したがって，多様な要因が複合的・統合的に機能する全体としての学級風土，すなわち個々の**学級の総合的個性**を探ろうとする場合には，各テストで測定する次元を組み合わせ，それらの強度をプロットすることで全体像を推測することになろう。しかしながら，既成のテストや測定法で取り上げられる個々の要因や次元が，当該学級の問題そのものに直結しているとはいえない場合もあろう。個人の臨床においてまず主訴を取り上げ，それを踏まえながら当該個人にとっての真の問題が何であるかを検討するように，当該学級の運営に関連する膨大な変数の中で，一体何が問題とされるべきかをまずもって明らかにし，この問題そのものに沿って関連する諸要因の構造を

分析し，問題中心的な介入・改善策を模索することが必要であろう。

実際，何らかの目標を掲げて学級を経営し，恒常的に観察を続けている担任教師にとっては，多種多様な要因の中から日々の運営にかかわる個別の問題点や重要事項に直感的に気づくことは多い。しかしながら，たとえ多方面にわたるそれぞれの事項に気づくことは容易であるとしても，錯綜した諸々の事項やそれらの背後にある諸要因相互の関係を論理的に整理・分析し，総合的・統合的な全体構造を解明しようとなるとかなりの難題である。内藤(1991)は，臨床的個別学級社会心理学を提唱し，個別学級のケース研究の蓄積の重要性を指摘しているが，少なくとも現段階では，日々変化を続ける個別学級を事例研究法的に分析するに十分な学問的な理論や知見が蓄積されているとはいえない。個別学級の診断や治療的介入法に限らず，「**個別学級集団へのアプローチ**」そのものがようやく注目される段階に至ったにすぎないといえよう（内藤ら，1993）。そこで，岸田(1987)が，「学級の雰囲気の実態を明確にするためには，分析的に吟味することが肝腎なことである。わかるとは分けることであって，明らかに理解するには，分析して確かめるという手だてが前提になる。学級の診断も分析的手法を駆使することを考えなければならない。(p. 257)」と述べているように，分析技法そのものが問題となろう。

上述のような背景から，担任教師が学級を観察することで直感的に気づいた事項間の関係を整理し，それらの構造を解明するための分析技法が必要となってくる。この要請に応える可能性をもつのが，内藤(1993a)によって開発されたPAC分析の技法である。これは，当該テーマに関する自由連想，連想項目間の類似度評定，類似度距離行列によるクラスター分析，当人によるクラスター構造の解釈を通じて，個人別に態度構造を分析する方法である。この技法を援用

することで，特定学級の運営に関連する重要事項として想起されたり，新たにイメージされた項目を取り上げ，これらの項目間の直感的イメージ上での類似度を評定させ，クラスター分析することで，担任教師が意識的・論理的に整理することが困難な多くの要因間の関係を，構造的に析出できると考えられる。しかも，教師に直感的に気づかれた範囲内であるとはいえ，当該学級特有の問題事象に焦点を当てた構造の分析ができる可能性がある。また構造は，教師自身が使い慣れ，学級を担任する者しか気づき得ないような，独特のニュアンスをもつ表現を含めた項目によって構成される可能性がある。以上の項目から構成された構造を担任教師本人に解釈させることで，構造の各部分に沿った関連事項がさらに想起・イメージされ，特定学級の学級構造の全体像が把握されることになろう。

上記の事例記述的な分析法の特徴は，担任教師ただ一人による繰り返しなしの平均値も分散もないデータに基づき，測定時点での当該学級に特有な（教師によって直感された）学級風土の全体像を簡便に捉えることができる可能性をもつ点にある。実施法についての簡単な訓練を受ければ，担任教師が単独で利用することもできる。こうした特徴をもつ本技法が学級風土の事例分析に有効であることが確認されれば，個別学級経営の実践に関連するその他の広範な問題への応用可能性が示唆されることにもなろう。

そこで本研究では，長年にわたり担任として学級を経営した経験をもつ教師を被験者として，過去において最も運営に失敗した学級とこれと対蹠的な最も成功した学級とを取り上げて分析結果を比較することで，単一学級における風土の事例記述的構造分析に PAC 分析が適用できるか否かを検討しようとするものである。また併せて，連想項目や析出された構造の解釈の仕方を通じて，教師自身の経営態度や能力についての診断可能性を探ることを目的とする。

# 方　　法

**被験者**　　小学校での教職経験12年の女子大学院学生（修士課程2年生）1名。

**対象学級**　　上記被験者の担当した学級の中で，年間を通じて，運営に最も失敗した学級と最も成功した学級を対象とした。

10年目に担当した失敗事例の学級は，5年生から持ち上がった6年生で，男児23名，女児20名，合計43名で構成されていた（本実験から1年3ヵ月経過した時点での聴取によって，失敗の原因は子どもよりも被験者自身によるものであること，学校での研究大会で発表の対外的なまとめ役をやらされ，学級にかかわらないで，そういうことばかりやっていたからであるとの反省が得られた）。

経験12年目の成功事例の学級は，1年生から持ち上がった2年生で，男児19名，女児19名，合計38名の構成であった（失敗事例の場合と同じく1年3ヵ月後の聴取で，以下の報告が得られた。児童の中に，難聴で知能は高いが社会性の低い男子1名がいた。この男児は自己主張が強いので学級の仲間に入れてもらえず，席について勉強できない状態であった。担任である被験者は，母親と交換日記を半年続けたり，発表会でこの男児のよさを出させた。2年生のときの後半では劇の主人公にさせ，周りの子どもたちからも認められた。この子のおかげでクラスがまとまった）。

**手続き**　　まずはじめにこれまでに担当してきた学級の中で，1年間を通して最も運営に失敗した学級を思い出させた。つぎに，その学級の運営に関連する重要な特徴やイメージを思い浮かべさせ，思い浮かんだ順にカードに記入させた。この後，今度は肯定か否定かの方向にかかわりなく重要と感じられる順にカードを並べ換えさ

せた。ついで項目間の類似度距離行列を作成するために，ランダムに全ての対を選びながら，以下の教示と7段階の評定尺度に基づいて類似度を評定させた。

**教示と評定尺度**　教示は，下記の失敗事例の〈教示と評定尺度〉が印刷された用紙を被験者に提示したまま，「　」の部分を口頭で読み上げることでなされた。

（失敗事例について）

「あなたが，失敗した学級運営に関連するものとしてあげた特徴やイメージの組み合せが，言葉の意味ではなく，直感的イメージの上でどの程度似ているかを判断し，その近さの程度を下記の尺度の該当する記号で答えて下さい。」

　　　　　非常に近い……………………A
　　　　　かなり近い……………………B
　　　　　いくぶんか近い………………C
　　　　　どちらともいえない…………D
　　　　　いくぶんか遠い………………E
　　　　　かなり遠い……………………F
　　　　　非常に遠い……………………G

つぎに，これまで担当してきた学級の中で，1年間を通して最も運営に成功した学級を思い出させた。以降の手続きは，「失敗」の部分が「成功」へと変更されただけである。

**クラスター分析及び被験者による解釈の方法**　上記の類似度評定のうち，同じ項目の組合せは0，Aは1，Bは2，Cは3というように，0から7点までの得点をあたえることで作成された類似度距離行列に基づき，失敗事例と成功事例のそれぞれで独立にウォード法でクラスター分析した。ついで析出されたデンドログラムの余白部分に連想項目の内容を記入し（Fig. 15, Fig. 16参照），これをコピ

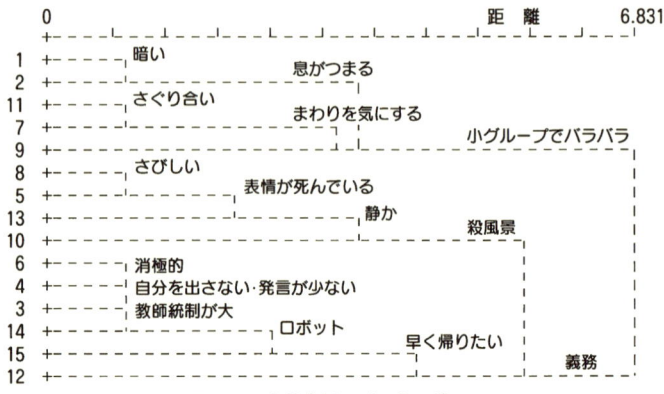

```
        0                                       距 離      6.831
        +----+----+----+----+----+----+----+----+----+----+
 1  +----, 暗い
 2  +----'     息がつまる
11  +----, さぐり合い
                  まわりを気にする
 7  +---------,                         小グループでバラバラ
 9  +---,    |
 8  +--'さびしい
 5  +-------,表情が死んでいる
13  +-------------, 静か
10  +-----------,        殺風景
 6  +---,消極的
 4  +--'自分を出さない・発言が少ない
 3  +--'教師統制が大
14  +-----, ロボット
                  早く帰りたい
15  +------------,                                義務
12  +--'
```

**Fig. 15　失敗事例のデンドログラム**
（左の数値は重要順位）

ーして1部は被験者がもう1部は実験者が見ながら，さきに失敗事例，つぎに成功事例の順番に，以下の手順で被験者の解釈や新たに生じたイメージについて質問した。まず，実験者がまとまりをもつクラスターとして解釈できそうな群ごとに各項目を読み上げ，項目群全体に共通するイメージやそれぞれの項目が併合された理由として考えられるもの，群全体が意味する内容の解釈について質問した。これを繰り返して全ての群が終了した後，各群から構成された全体についてのイメージや解釈について質問した。最後に実験者として解釈しにくい個々の項目を取り上げて，個別のイメージや併合された理由について補足的に質問した。

## 結果と考察

　小学校での学級担任12年間の経験をもつ被験者が，最も運営に失敗したと感じているのは10年目に担当した6年生の学級であった。この学級の運営に関連する重要な特徴やイメージとして連想された

項目間のイメージ上の類似度の距離行列に基づいてクラスター分析された結果は，Fig. 15 のようになった。他方の，最も成功したと感じているのは大学院入学直前の経験12年目の2年生の学級で，類似度距離行列によって算出されたクラスター分析の結果は Fig. 16 のようになった。以下に失敗事例と成功事例を個別に取り上げ考察する。

## 失敗事例

　失敗学級の運営に関連する重要事項として連想されたのは15項目であるが，まず Fig. 15 のデンドログラムの左側に記載された重要順位に注目する必要があろう。というのは，個人の臨床における主訴のように，どのような事項や兆候を学級運営上の問題として強く感じているかが明らかになるからである。全項目数の1/3にあたる上位5位までを順番にあげると，①暗い，②息がつまる，③教師統制が大，④自分を出さない・発言が少ない，⑤表情が死んでいる，となる。これらの項目からは，「暗い・死んだ学級イメージ」とともに，岸田（1987）が「厳格型教師」と名づけた問題型教師のイメージが浮かんでくる。厳格型教師の行動特性，学級雰囲気，生起機制は，岸田によってつぎのように記述されている（Pp. 234-235）。

　　子どもの自由を強く制限し，規則違反は厳しく処置する。こうした場合には低学年の場合には，萎縮してしまい，教師の顔色を常にうかがいながら行動して，のびのびした態度がとれず，明るさを失うことになりやすい。他方では教師の厳格さを嫌って，教師から遠ざかったり，あるいは反抗的態度で立ち向かったりもする。
　　厳格型教師は，指導力に自信がなくて，これを補うために強権的・威圧的であったりすることがある。また教育効果をあげるため

の功をあせって厳格になる場合もある。あるいは性格的に加虐的性格であったり，他者との人間関係で劣等感を持ち，子どもにそのうっ憤を晴らすような場合もある。

　時には厳しくしつけることが教育効果をあげるという信念で，必要以上に厳格であり，その指導法を誤っている場合もある。


　上記の岸田の記述を1つの仮説として設定しながら，次に担任教師であった被験者自身によるクラスターの解釈を検討してみよう。

　クラスターの解釈は，方法のところで既述したように，Fig. 15 に基づいて上から順番に各クラスターの項目を読み上げ，群全体から感じるイメージやまとまった理由を質問した。しかしながら，以下の回答内容からも明らかなように，より臨場感をもたせるような補足的なものや総合的なイメージに関するものがほとんどで，各項目が併合された理由・解釈について，さらには全体構造の説明についての直接的な回答は得られなかった。

**被験者によるクラスターの解釈**　　クラスター1は「暗い」～「小グループでバラバラ」の5項目：**教室にあまり入りたくないような，**ぴんと張りつめた雰囲気。教師は子どもの心をつかんでないし，うまくいかないことで**精神的に安定していない**。許し合えないし，**自分を出せない，出すのが恐い**。教師と子どもが探り合っている感じ。

　クラスター2は「さびしい」～「殺風景」までの4項目：子どもの表情が死んでいて，自己表現していないのを見ての，**教師としてのむなしさ**，子どもと**教師の淋しさ**，活気のなさ。教室もがらんどうな感じ。

　クラスター3は「消極的」～「義務」までの6項目：指導がうまくいかない**教師の焦りと反省**。

　全体として：（以上を全体として見て，感じることや気づいた点

はありませんかという質問に対して）とくにありません。

　以上の被験者による解釈で注目されるのは，筆者によるアンダーラインの部分である。これらは教師自身の情緒的・精神的反応を示すものであるが，担任教師として冷静に客観的な立場に立ち，具体的に学級を診断・分析し，それを踏まえてどのように介入・改善策を講じるべきかの連想が（当初も）解釈に際してもなされていないことである。当初の連想項目（Fig. 15参照）での「息がつまる・早く帰りたい・義務」に代表されるように，打ちのめされ逃避的な事態に陥ったままの教師の姿が浮かび上がってくる。深く信頼し相談することができる同僚や上司がいなかった可能性がある（この点については，残念ながら質問をしていないので不明である）。

　上記の解釈内容は，潜在的に存在する多くの事実の中で，どの側面に視線が注がれ，何を事実として体験するかという，被験者自身の体験様式そのものを示しているといえよう。

　次に筆者の解釈を加えて，総合的に各クラスターを解釈してみよう。

　**クラスターの総合的解釈**　　総合的な解釈に際してまず問題となるのは，いくつのクラスターと見なすかという点である。これには，2つの基準が考えられる。1つはこれまで一般的に用いられてきたような方法で，研究者の主観的解釈に基づいて切断する距離を決定するものである。いま1つは，本研究のように被験者自身に解釈させる際に新たに考案され得る技法で，被験者自身に決定させる方法である。しかし後者の方法をいきなり採用しようとするならば，被験者自身がクラスター分析の技法とデータ解釈に習熟していることが要求されよう。そこで本研究では，まず研究者の試案的なクラスター構造の解釈を腹案とし，各クラスターの項目を読み上げ，それらへの被験者自身のイメージや解釈を報告させる。そして被験者

によるクラスターのまとまりが,研究者と異なって分割されたり併合される場合には,被験者のイメージに沿って群の数を変更し,総合的に解釈する方法を採用した。

失敗事例については,まず筆者の腹案として,5.000付近の距離で切断することとした。すなわち,以下に述べる3つのクラスターを原案とした。既述のように,被験者自身のイメージや解釈もこの3分割に沿ったものであった。

クラスター1は「暗い」〜「小グループでバラバラ」の5項目:「息がつまる」や「さぐり合い」「小グループでバラバラ」に象徴されるように,**〈相互不信〉**のクラスターであると解釈できよう。これらの項目群は,人間関係が通常は出会いの当初で見られる探索的な段階にとどまっており,学級集団は**分団分離型**(田中,1967)で,集団凝集性が低く,学級として統合されていないことが認知されていることを示す。教師も子どもと探り合いを続け,子どもの心がつかめず,精神的に不安定となり,心を開けないことを示している。

クラスター2は「さびしい」〜「殺風景」までの4項目:**〈死んでいる学級〉**と命名されるような状態を示す群である。担任によって感じられた学級全体の風景的イメージで,子どもたちの自然な感情表出である「表情までもが死んだよう」であり,形骸化した子どもと教室の「静かさ」として,まとまっている。(少なくとも教師が一緒にいる場面では)このような状態にある学級に直面している担任は,教師としてのむなしさや淋しさを感じている。

クラスター3は「消極的」〜「義務」までの6項目:**〈教師統制とロボット〉**と命名できそうな群である。教師統制の強さが子どもたちをロボットのようにしていることと,それに対しての教師の逃避的反応項目群がまとまっている。子どもたちは「消極的」で,「自己に閉じ込もり,発言も少ない」。こうした状態の原因としても結果と

しても考えられる「担任による統制の強さ」が，子どもたちを「ロボット」のように反応させていることを教師は自覚している。指導がうまくいかない担任教師は，焦りと不安を感じるが，「早く帰りたい」という逃避感と（教師としての職責による）「義務感」や拘束感を感じている。当初の連想項目数が最も多いクラスターであるのに解釈段階での発言量が端折ったように短いのは，自我防衛の機制によるのではないかとも考えられる。さきに仮説的に取り上げた岸田の見解から見れば，指導力に自信がないので，これを補うために強権的・威圧的な厳格型教師として行動した可能性が高いと考えられよう。既述のように，本実験から1年3ヵ月後の聴取で，対外的な大会発表でのまとめ役をやらされ，学級経営への余力を全く失っていたことが報告されている。

　全体として：教師としての余力のなさ，指導力への自信のなさ，教師自身の閉鎖性と自己を開放することへの恐れが，教師の統制を強め，子どもたちをロボットのようにしていること。これが子どもたちの生活感情の表出である表情までも奪い，教室を死んだような状態にしていること。さらに教師に対してだけでなく子どもたち同士の信頼感の形成をも困難とし，学級が分断されたままの状態になっていること。とくに注目されるのは，「義務」という項目が全てのクラスターをつなぐ中心軸の位置にあることが暗示するように，教師としての義務感だけが辛うじて**学級の崩壊**を防いでいること。これらの解釈可能性については，感性レベルでは捉えられているとしても，総合的な構造として意識化され，明確化されなかった。すなわち，被験者である担任教師単独では，学級風土の全体構造を自覚的に読み取り，受け容れるまでには至らなかったのである。

**診断に基づく学級改善への一試案**　　自我防衛的な機制を発動していると考えられる担任が，子どもたちへの信頼感を獲得し，子ど

もたちの自主的活動を育み，学級全体としてのまとまりを作り出し，当該学級の風土を生き活きとしたものに改善・構築する方策として，どのようなものがあり得たであろうか。もはや過去のものとなっている当該学級そのものを救うことはできないとしても，本研究のデータから何らかの方策を考察できるか否かは，今後の実践活動への本技法の応用可能性の成否にかかわる問題であろう。

　まず，教室環境の整備や**生活指導**の中から，何らかの小さな課題や目標をいくつか取り上げる。これを実践するグループとして既存の小グループ以外の新たな小グループを編成し，グループの構成員の実態に合わせて課題や目標を分ける。次に時間をかけて民主的雰囲気を作り出しながら，グループごとに作業・活動方法について話し合わせる。作業内容や達成度は各グループで自主的に管理させる。これらを生活指導の時間などに報告させ，少しでもよい点は誉めるようにする。これが軌道に乗りはじめたら，順次自主的活動を拡大し，グループ編成も組み替えていく。こうした案が考えられよう。また，抜本的な解決策として，教師本人に関しての助言や指導が考えられるが，あらかじめ自我防衛の強さを査定する必要があろう。防衛が強い場合には，いきなり事実を指摘すると抵抗が生じ，以降のコンサルテーションが困難となる可能性があるからである。

　もちろん上記の例はほんの一試案にすぎない。現場の教師たちと事例研究のケースとして討論すれば，もっと多くのすぐれた対策が産まれるであろう。また対策の検討に際しては，担任教師が重要事項としてあげた連想内容に関する特性について，各種診断テストなどで方向や強度を確認することも望まれよう。いずれにせよ，本研究での失敗事例から示唆されるのは，問題学級を年度末まで放置するなどといったことのないように，学級風土の現状を定期的にまた問題を感じたときはすぐに診断し，それらを踏まえた介入・改善策

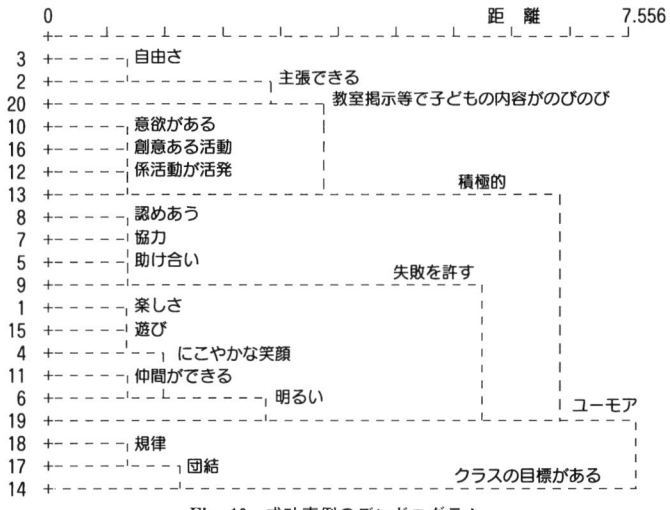

```
  0                                                距 離      7.556
  +----'----'----'----'----'----'----'----'----'----'----'----'----'----'----+
3 +----| 自由さ                                                               |
2 +----'-----------| 主張できる                                                |
20+----------------'--------| 教室掲示等で子どもの内容がのびのび                  |
10+----| 意欲がある          |                                                 |
16+----| 創意ある活動        |                                                 |
12+----'----| 係活動が活発   |                                                 |
13+----------------| 積極的  |                                                 |
8 +----| 認めあう   |       |                                                 |
7 +----| 協力       |       |                                                 |
5 +----'----| 助け合い      |                                                 |
9 +----------| 失敗を許す  |                                                 |
1 +----| 楽しさ     |       |                                                 |
15+----| 遊び       |       |                                                 |
4 +----'----| にこやかな笑顔|                                                 |
11+----------| 仲間ができる |                                                 |
6 +-----------'----| 明るい |-----------------| ユーモア                       |
19+---------------------|                                                   |
18+----| 規律           |                                                   |
17+----'----| 団結      '-----------| クラスの目標がある                       |
14+----------'--------------------'                                         
```

**Fig. 16　成功事例のデンドログラム**
（左の数値は重要順位）

の策定や目標の不断の修正が不可欠ではないかという点である。そして，PAC分析を援用した本研究の分析技法は，そうした学級診断をかなり簡便にする可能性をもつという点であろう。

## 成 功 事 例

　成功学級の運営に関連する重要事項として連想されたのは，20項目である。成功の場合には主訴に該当するという表現は奇妙であるが，どのような項目を重要と感じたかに注目する意義はあるといえよう。Fig. 16のデンドログラムの左側に記載された順位で，失敗事例とほぼ同じ1/3近くの比率となる上位6位までを取り上げると，①楽しさ，②主張できる，③自由さ，④にこやかな笑顔，⑤助け合い，⑥明るい，となる。これらの項目からは，楽しく助け合う笑顔に満ちた，自由に自己主張できる，「明るい生き活きとした学級イメージ」

が伝わってくる。

次に連想項目全体を眺めると、失敗事例の場合と異なり、教師当人の情緒や感情表現に関する項目は見あたらない。ほとんどが現象記述によって占められているのが特徴である。ところが、各クラスターについての解釈を見ると、失敗事例と同様な傾向が観察された。すなわち、以下の回答内容に見られるように、より臨場感を抱かせるような補足的なものや総合的なイメージに関するものがほとんどで、各項目が併合された理由・解釈について、さらにはクラスター相互の関係を意味する全体構造の説明に結びつく回答は得られなかった。

**被験者によるクラスターの解釈**　クラスター1は「自由さ」~「積極的」までの7項目：子どもが自分を出し切っている。**教師としてやりがいがあり、意欲が出てくる**。

クラスター2は「認めあう」~「ユーモア」までの10項目：学級集団として、人間関係がうまくいっていて暖か、**自分の弱みを全て出せる受容的な感じ**。仲間はずれとかいじめがない。**毎日が楽しい**。**担任がクラスに入るのが嬉しく、疲れを感じない**。みんないい子。

クラスター3は「規律」~「クラスの目標がある」までの3項目：**進め、進め**。**心がひとつ**。みんなでやることが**楽しい**。**頑張ろう**。

全体として：（全てのクラスターを総合して、感じることや気づいた点は）とくにありません。

上記の被験者による解釈段階で出現した傾向を示すものとして注目されるのは、アンダーラインの部分である。成功事例での担任教師である被験者の躍動感の表現であるがゆえに見逃されやすいが、教師自身の感動すなわち情緒的・感情的表現が解釈の大半をなしている点である。失敗事例を経験した2年後に、このような素晴らしい成功をおさめていること自体には賛辞を惜しまないにしても、教師

として冷静に客観的な立場に立ち，具体的に当該学級を診断・分析し，これを踏まえて明るく自律的で建設的な風土を形成するに至ったとは感じがたい。既述のように，本実験から1年3ヵ月後の聴取では，自己主張の強い難聴の男児を学級の子どもたちに受け入れさせるための試みが，学級風土の改善に有効であったことが報告されている。しかしながら，少なくとも実験実施段階では，いかなる要因が相乗的に作用し，学級全体がどのように変化したかのプロセスについての気づきが得られていない。この点は被験者となった本教師だけの問題とはいえないのであろうが，……。学級経営の実践においては直感や感性が重要な役割を果たすことはいうまでもないが，たとえ後追いであってもそれらを分析的・体系的に吟味することなしには，どのような学級をも成功に導くことはおぼつかないといえよう。

**クラスターの総合的解釈**　　成功事例のクラスターについては，切断する距離を 4.000 付近として 4 分割とするのか，6.000 付近として 3 分割とするのかで，判断に迷うところである。とりあえずは，「認めあう」から「失敗を許す」までと「楽しさ」から「ユーモア」までの 2 群が類似の内容としてまとまると判断し，これを仮の案とし，最終決定に関しては被験者のイメージや解釈を待つこととした。その結果は，既述のように，被験者自身によるものも筆者と同じく以下の 3 分割であった。

クラスター1は「自由さ」～「積極的」までの 7 項目：〈**子どもの活動意欲**〉と解釈できる群である。項目の内容は，子どもたちが自発的で「積極的」に「のびのび」と「創意」工夫し，「係などのグループ活動も活発」であることを示している。教室の掲示等の内容からも子どもたちが自分自身を出し切っていることが認められ，教師もやりがい，意欲を感じている。

クラスター2は「認めあう」〜「ユーモア」までの10項目：このクラスターは，相互援助的で受容的な内容と，遊び心のある明るい雰囲気を示す内容の2つの下位群から構成されており，全体のイメージとしては〈**ゆとりのある人間関係**〉とよぶべきものである。子どもたちが相互の人間としての価値を「認め合い」，「失敗を許し合い」，「助け合い」，「遊び心」のある「楽しい」，「ユーモア」のある「明るい」学級となっている。教師自身も弱みを開示でき，学級運営に喜びを感じ，疲れを感じないことが示されている。

クラスター3は「規律」〜「クラスの目標がある」までの3項目：この群は〈**共有された学級目標**〉と命名できよう。連想項目である「団結」に象徴されるような，集団凝集性の高さとプラスの**学級規範**が成員全体に受容されていることを，教師が認知しているクラスターである。教師自身もともに旗を振りたいかのような躍動感を感じている。

全体として：失敗をも許し合い，助け合い，人間として認めあう人間関係が，遊び心のある楽しく明るい学級の雰囲気の醸成と表裏をなしていること。こうした**集団心理療法**での**治療集団**ともいえる特色をもつ学級集団の雰囲気の中で，自由にのびのびと自己主張する，創意工夫のある意欲的で積極的な活動が産み出され，係活動も活発となること。こうした経験の蓄積が規律と団結力を育み，学級目標の成立と私的受容をもたらすこと。さらにこれらの構造の中心軸に位置する項目として「ユーモア」が介在することには，担任教師単独では気づきが得られなかった。

とくにユーモアに関しては，Frankl, V. E. が**ユーモア療法**としてとりあげ技法化しているほどに精神医学でも注目されているし（本明，1980），本多ら（1968）の調査では好きな教師の特性として小学校4年生では第3位に，小学校6年生と中学校2年生では第1位にあ

げられている。また岸田（1980）は，豊かな人間関係の形成，教室雰囲気の精神衛生，学級経営に，健康な笑いが重要な役割を果たすことを取り上げている。

本研究の被験者は，これらの存在をおそらく感性のレベルでは感じており，それゆえ重要項目としての連想放出と連想項目間の類似度判断による構造化が成立するのであろうが，構造を意識的に分析・診断して発見するレベルまでには至らなかったこと，を示唆するものである。

ところで，失敗事例での〈診断に基づく学級改善への一試案〉の項で，抜本的な解決策として，教師本人に関しての助言や指導が考えられる点についてふれた。そして，防衛が強い場合には，いきなり事実を指摘すると抵抗が生じ，以降のコンサルテーションが困難となる可能性に言及した。そこで，教師本人の問題傾向を発見し，この結果を当人に受容させ，教師自身を教育訓練する効果を第1目的とするのならば，防衛や抵抗の少ない成功事例を取り上げるのがよいのではないかと思われる。上記のように成功事例においても，解釈段階で問題傾向が検出される可能性があるからである。

## 総合的考察

本研究で取り上げられた失敗および成功事例における構造上の特徴は，当該学級とその担任であった被験者に特有なものを多く含んでいると考えられ，失敗学級や成功学級の一般的な特徴を示すものであるとはいえないであろう。内藤（1993a）の研究から，PAC分析では，連想項目の内容や表現の仕方，その構造と解釈が，個人や対象によってかなり異なることが明らかにされている。そこで学級風土の分析においても，教師や学級の独自性が反映されていると考え

られるからである。さらには、教師の**教育観**や**学校・学年水準**、進学中心の受験校か否かの違いによって、経営の中心が**教科指導**か**生徒指導**かのいずれかに偏ることも想定され、失敗や成功の前提となる基準や次元そのものが異なる可能性すらある。確かにいえるのは、本失敗事例の分析では、運営に失敗した特定学級の風土に関連する膨大な変数の中から、恒常的に観察を続けてきた担任教師が重要と感じた項目を拾いだし、それらのイメージ上の構造を抽出することに成功したと見なせるものであったということである。また学級経営面の**診断的解釈**につながる材料だけでなく、連想項目や構造解釈の内容を吟味することで、教師自身の学級経営の傾向性の分析や能力の診断にも活用できる場合のあることが明らかにされたという点であろう。

また本成功事例の分析においても、膨大な変数が関与する特定学級の運営にあたって、重要項目として感じられる多種多様な要因から構成されたイメージ構造が抽出されたということであろう。そしてとくに構造の解釈をさせることで、上記の失敗事例と同様に、教師自身の学級経営の傾向性の分析や能力の診断にも活用できることが示唆されたということであろう。

ところで、単一事例の結果から安直に一般的傾向を推論することは控えねばならないが、失敗事例では子ども同士の人間関係の希薄さ、子どもの活動意欲の低さ、教師との信頼関係の欠如などの、従来の学級経営研究で問題とされてきた要因を含むクラスターと、それらの独自な関係構造が析出されるのではないかと考えられる。他方の成功事例では、子どもの活動意欲、共感的・受容的人間関係、学級目標の共有など、一般的にすぐれた学級に見られる要因を含むクラスターと、それらの独自の関係構造が出現すると想像される。

ついで、同一教師内での成功事例と失敗事例に共通するものとし

ては，連想項目や構造解釈の中心が情緒・感情の表出かそれとも問題事象の記述かのスタイル，個々のクラスターの項目群の背後にあると考えられる要因の明確化のレベル，さらにはクラスター（要因）間の関係についての考察や解釈，提案される改善策のレベルの深さがあげられよう。すなわち，連想項目やクラスターの解釈が情緒的・感情的事項を中心とするのか，それとも具体的な問題事項を中心とするのかといった，体験様式のあり方があげられる。それとともに，要因間の関係をも考察できるのか，さらには具体的な対応策まで考案できるのかといった，学級経営での診断・考案の能力水準があげられるであろう。

　ここで再び本研究の失敗と成功の両事例での連想項目と構造を比較するならば(Fig. 15, 16参照)，いずれにおいても単純かつ明瞭な構造が抽出されながらも，両者が全く異質であることがわかる。この違いの著明さからは，次のことが示唆される。すなわち，成功や失敗といった典型例でなくとも特定の個別学級を取り上げて，学級風土の診断が可能であろうという点である。そして本技法では，他の学級集団を**基準**(referent)とする必要がなく，当該学級に関する自由連想項目とそれらの類似度評定だけで構造分析ができるという，実践には打ってつけの簡便さをもっている。さらに，実施法についての簡単な訓練を受ければ，担任教師自身が単独で内密に，学級風土や自身の体験様式や経営能力などについて分析・診断できるし，学級に問題が発生した時点で迅速に構造分析ができること，教師の集合教育での訓練や自己啓発や自己訓練の技法として活用できる可能性をもつ点でも，実践的な価値をもつといえよう。こうした特徴をもつ本技法は，学級風土に限らず，学年や学校全体の風土の分析にも利用できるであろう。さらには教師集団やPTAをはじめとして，多種多様な個別集団一般への適用が考えられる。

ところで，本研究における被験者の連想項目の構成内容についてであるが，事実に関する項目だけでなく，担任教師としての直感的な判断を意味する項目を含んでいる。そこで，例えば「小グループでバラバラ」についてはソシオメトリック・テストで，「まわりを気にする」についてはSD法を用いて，「意欲がある」に関してはスクール・モラール・テストでというように，構造分析に先立ってまず事実関係やその強度を調査して確認すべきであるという論議が成り立つ。さらに，科学性や客観性を重視する見地からは，そもそも教師一人の主観的な判断に頼ることなく，逆に各種診断テストや測定法で得られる事実を組み合わせるという方向から，問題を発見すべきであるとの主張もあろう。しかしながら，学級診断の初期段階として，しかも当該学級の経営実践という点に限定するならば，恒常的に経営し観察を続けている担任教師自身の直感的観察から出発する方が，膨大な関連変数の中から当面の学級経営において問題とされるべき変数を抽出することが容易であろう。従来試みられてきたように，診断に際して既存のテストをバッテリーとして用いるにしても，テスト群が解決すべき問題を中心として構成されている方が，少なくとも当該学級の経営実践という観点からは効率的で有益であると考えられる。また，担任教師の性格や価値観などの偏りの大きさのために，たとえ恒常的に観察していても歪みが著しく，診断テスト等によって確認された結果とはかなりの差異があるとしても，担任教師がそのように認知していること自体が，児童生徒に多大の影響を及ぼし，学級風土を規定するという現象に目を向ける必要があろう。これらの理由から，担任教師の直感的観察に基づいて個別学級を事例記述的に構造分析する価値があるといえよう。

しかし，本報告をまとめるに際して再度聴取した，失敗と成功のそれぞれの事例の背景や事情に関する情報が，本研究での学級風土

の構造を総合的に解釈するのに有益であった点を看過してはならない。対外的な研究発表会でのまとめ役をこなしながら学級を運営し得るほどの力量や自信が欠如していたことが，学級経営からの逃避的な態度を招来し失敗へと導いてしまったこと。そうした余力のない状況のもとで，被験者である担任は何をすることができたのかが問われていることが明白となるからである。また成功事例においても，被験者によるクラスター構造の解釈から，要因間の関係構造についての気づきのなかったことがわかるにしても，付加情報がなければ，行動問題をもつ子どもへの個別的対応が結果として学級経営全体の成功をもたらしたことは不明である。つまり，本研究の技法を経営診断の出発点とするにしても，析出された構造がその背後にある学級風土の実態，教師の具体的行動内容と結びつけられることで，はじめて実践に直結した目標の設定と対策・介入の案が得られと考えられる。そして，担任教師が単独で内密に利用可能という本技法の利点を，こうした目的に活用することができよう。

今後はさらに，失敗と成功の多様な事例研究を積み重ねていくとともに，内藤（1993a）によって提案されている課題なども参考にしながら，学級経営に関連するその他の広範な内容への応用可能性を探っていくことが課題となろう。

## 要　　約

本研究では，内藤（1993a）の開発による PAC 分析の技法を援用することで，単一学級の学級風土を事例記述的に構造分析することを試みた。被験者には長年のあいだ学級担任として経営を担ってきた経験をもつ教師1名（実験時は大学院修士課程に在学中）をあて，これまでで最も運営に失敗した学級と，最も成功した学級を対象と

して，運営にかかわる重要事項を連想させた。ついでそれぞれの学級において，連想項目間の類似度を評定させ，類似度距離行列に基づいてウォード法でクラスター分析をした。この後，失敗学級，成功学級の順に被験者自身に構造の解釈をさせた。

これらの結果から，平均値も分散もない連想項目間の類似度距離行列によるクラスター分析と被験者による構造の解釈によって，特定学級の風土の事例記述的な構造分析が可能であることが示唆された。同時に，失敗学級と成功学級それぞれの連想項目と構造が際だって対蹠的なことから，より一般的な通常の個別学級の風土診断に際しても活用できることが推測された。

それとともに，本技法での担任教師の連想項目内容や構造の解釈の仕方（体験様式）に注目することで，教師自身の問題傾向や能力の判定，教育訓練に活用できることが明らかにされた。また本技法に関しては，簡単な実施法訓練で担任教師が単独で利用可能となることから，他人に知られることなく内密に学級風土の診断ができ，学級での問題発生時に迅速に分析し，対策を講じることができるようになるという利点も示唆された。

今後は，多様な失敗と成功事例の検討を蓄積するとともに，学級経営に関連するその他の広範な内容への応用可能性を探っていくことが課題となろう。

# 引用文献

オールポート G. W. 大場安則(訳) 1970 心理科学における個人的記録の利用法 培風館(Allport, G. W. 1942 *The use of personal documents in psychological science.* Social Science Research.)

ダウリング C. 柳瀬尚紀(訳) 1985 シンデレラ・コンプレックス 三笠書房. (Dowling, C. 1981 *The Cinderella complex : Women's hidden fear of independence.* Summit Books.)

ジェンドリン E. T. 村山正治・都留春夫・村瀬孝雄(訳) 1982 フォーカシング 福村出版(Gendlin, E. T. 1981 *Focusing.* (2nd ed.) Bantam Books.)

本多克己・高木嘉一・小川義幸 1968 子どもの望む教師 教育心理, **16**, 268-273.

池見 陽 1995 心のメッセージを聴く:実感が語る心理学 講談社

井上孝代・伊藤武彦 1997 異文化間カウンセリングにおける PAC 分析 井上孝代(編著) 異文化間臨床心理学序説 第4章 多賀出版 Pp. 103-137.

伊藤隆二 1996 展望／教育心理学の思想と方法の視座:「人間の本質と教育」の心理学を求めて 教育心理学年報, **35**, 127-136.

ユング C. G. 高尾浩幸(訳) 1993 ユング・コレクション 7 診断学的連想研究 人文書院

岸田元美 1980 人間的接触の学級経営心理学 明治図書

岸田元美 1987 教師と子どもの人間関係:教育実践の基盤 教育開発研究所

古城和敬 1985 校風と級風 小川一夫(編著) 学校教育の社会心理学 北大路書房 Pp. 114-125.

クラーエ B. 堀毛一也(編訳) 1996 社会的状況とパーソナリティ 北大路書房(Krahé, B. 1992 *Personality and social psychology.* Sage Publication.)

Lee, A. J. 1977 A typology of styles of loving. *Personality and Social*

*Psychology Bulletin*, **3**, 173-182.

マスターズ W.H.・ジョンソン V.E. 謝 国権(訳) 1980 人間の性反応 池田書店 (Masters, W. H. & Johnson, V. E. 1966 *Human sexual response*. Little, Brown and Company.)

マスターズ W.H.・ジョンソン V.E. 謝 国権(訳) 1980 人間の性不全 池田書店 (Masters, W. H. & Johnson, V. E. 1970 *Human sexual inadequacy*. Little, Brown and Company.)

松井 豊 1993 恋愛行動の段階と恋愛意識 心理学研究, **64**, 335-342.

ミラー H.L.・シーゲル P.S. 藤原武弘(訳編) 1983 ラブ:愛の心理学 福村出版 (Miller, H. L. & Siegel, P. S. 1972 *Loving : A psychological approach*. John Wiley & Sons.)

森谷寛之・酒井 保・児島達美・菅野泰蔵・森岡正芳・森岡理恵子 1991 心理臨床学の冒険 星和書店

諸井克英 1989 大学生における孤独感と対処方略 実験社会心理学研究, **29**, 141-151.

本明 寛 1980 実存分析の理論 本明 寛(編著) 心理臨床学入門:診断・治療の臨床心理学 川島書店 Pp. 33-39.

内藤哲雄 1991 教育社会心理学の展望 教育心理学年報, **30**, 73-82.

内藤哲雄 1993a 個人別態度構造の分析について 人文科学論集(信州大学人文学部), **27**, 43-69.

内藤哲雄 1993b ストレスの個人別構造分析 日本心理学会第57回大会発表論文集, 187.

内藤哲雄 1993c 学級風土の事例記述的クラスター分析 実験社会心理学研究, **33**, 111-121.

内藤哲雄 1994 性の欲求と行動の個人別態度構造分析 実験社会心理学研究, **34**, 129-140.

内藤哲雄 1995 個人別態度構造に関する研究 平成6年度科学研究費補助金(一般研究C)研究成果報告書, 1-70.

内藤哲雄 1996 在日韓国人の「在日」に関する PAC 分析 日本社会心理学会第37回大会発表論文集, 332-333.

内藤哲雄 1997 PAC 分析の適用範囲と実施法 人文科学論集〈人間情報学科編〉(信州大学人文学部), **31**, 51-87.

内藤哲雄・田中祐次・天根哲治・蘭 千壽・藤田英典 1993 個別学級集団へのアプローチ 教育心理学年報, **32**, 3-7.

中村雅彦 1991 大学生の異性関係における愛情と関係評価の規定因に関する研究 実験社会心理学研究, **31**, 132-146.

大橋英寿　1993　私信（5月8日付，内藤哲雄宛）

Ross, A. O. 1987 *Personality. The scientific study of complex human behavior*. Holt, Rinehart & Winston.

ルービン Z.　市川孝一・樋野芳雄(訳)　1981　好きになること愛すること　思索社（Rubin, Z. 1973 *Liking and loving : An invitation to social psychology*. Holt, Rinehart and Winston.）

田嶌誠一　1992　イメージ体験の心理学　講談社

高木廣文　1994　HALBAU-4　マニュアル III　多変量解析　現代数学社

高木廣文・佐伯圭一郎・中井里史　1989　HALBAU によるデータ解析　現代数学社

田中熊次郎　1967　増訂ソシオメトリーの理論と方法　明治図書

ターナー J.C.　蘭　千壽・磯崎三喜年・内藤哲雄・遠藤由美(訳)　1995　社会集団の再発見：自己カテゴリー化理論　誠信書房（Turner, J. C. 1987 *Rediscovering the social group : A self-categorization theory*. Basil Blackwell.）

和田　実・西田智男　1992　性に対する態度および性行動の規定因　社会心理学研究, **7**, 54-68.

我妻　洋　1987　社会心理学入門(上)(下)　講談社

渡辺文夫・閔　光準・才田いずみ・内藤哲雄・安　龍洙・李　舜烔・河先俊子・佐藤友則・高橋世津・曹　永湖・藤田祐子・目黒秋子　1994　日本語教育と認知的変容の研究 I：韓国人学習者と日本人実習生の授業観についての事例的研究　日本語教育方法研究会誌, **1**, 3, 32-33.

吉田章宏　1990　展望／「教育心理学」に期待する一つの遠未来像：僻地にある「迷える子羊」から見たその眺望　教育心理学年報, **29**, 142-153.

# PAC分析
# 研究業績リスト

(筆者によるもの：2002年3月現在)

## 著書

内藤哲雄　1994　個人特有の態度構造を測る　浅井邦二(編著)　こころの測定法　第2部　全体としての人間を測る　実務教育出版　Pp. 172-193.

内藤哲雄　1997　PAC分析実施法入門：「個」を科学する新技法への招待［初版］　ナカニシヤ出版

内藤哲雄　2001　PAC分析と「個」へのアプローチ　山本　力・鶴田和美編著　心理臨床家のための「事例研究」の進め方　10章　北大路書房　Pp. 108-117.

## 論文

内藤哲雄　1993　個人別態度構造の分析について　人文科学論集(信州大学人文学部)第27号, 43-69.

内藤哲雄　1993　学級風土の事例記述的クラスター分析　実験社会心理学研究, **33**, 111-121.

内藤哲雄　1994　内陸地域「信州」のイメージの個人別構造分析　信州大学人文学部特定研究班　内陸地域文化の人文科学的研究Ⅰ(特定研究中間報告書), 27-47.

内藤哲雄　1994　性の欲求と行動の個人別態度構造分析　実験社会心理学研究, **34**, 129-140.

内藤哲雄　1995　「信州人の人間関係」の個人別イメージ構造分析　信州大学人文学部特定研究班　内陸地域文化の人文科学的研究Ⅱ(特定研究最終報告書), 5-26.

内藤哲雄　1995　個人別態度構造に関する研究　平成6年度科学研究費補助金(一般研究C)研究成果報告書, 1-70.

内藤哲雄　1997　PAC分析の適用範囲と実施法　人文科学論集〈人間情報学科編〉(信州大学人文学部), **31**, 51-87.

内藤哲雄　1998　恋愛の個人的態度構造　現代のエスプリ(至文堂), 368,

『恋愛の心理』, 163-173.
内藤哲雄　2000　留学生の孤独感の PAC 分析　人文科学論集〈人間情報学科編〉（信州大学人文学部）, 34, 15-25.
市川伸一・篠原弘章・橋口捷久・福田豊志・内藤哲雄・渡辺弘純・針生悦子　2000　言語データの解析法の具体例について　教育心理学年報, 39, 29-32.

**口頭発表論文**

内藤哲雄　1991　同性・異性への好意と嫌悪　日本社会心理学会第32回大会発表論文集, 98-101.
内藤哲雄　1991　個人別態度構造の分析：過去・現在・将来での重要項目による　日本心理学会第55回大会発表論文集, 732.
内藤哲雄　1992　家族への事例的態度構造分析　日本心理学会第56回大会発表論文集, 234.
内藤哲雄　1992　学級風土の事例記述的構造分析　日本教育心理学会第34回総会発表論文集, 270.
内藤哲雄・田中令子・松本あつ子・中嶋まさ子・小日向由紀・湯本敦子・池田紀美子・田畑久美子・一ノ瀬文穂・上条陽子・杉谷留美子　1992　出産・育児に関する不安や悩みの個人別構造分析　日本母性衛生学会第33回学術集会抄録集, 112.
内藤哲雄　1992　政党への個人別態度構造分析　日本社会心理学会第33回大会発表論文集, 254-257.
内藤哲雄　1993　ストレスの個人別構造分析　日本心理学会第57回大会発表論文集, 187.
内藤哲雄　1993　所属集団における人間関係の個人別構造分析　日本教育心理学会第35回総会発表論文集, 148.
内藤哲雄　1993　暗黙のパーソナリティ理論：やさしいの個人別構造分析　日本グループ・ダイナミックス学会第41回大会発表論文集, 46-49.
内藤哲雄　1993　職業への態度と変容の個人別構造分析　日本社会心理学会第34回大会発表論文集, 46-49.
内藤哲雄　1994　TAT 図版による個人別イメージ構造分析　日本教育心理学会第36回総会発表論文集, 206.
渡辺文夫・閔　光準・才田いずみ・内藤哲雄・安　龍洙・李　舜烟・河先俊子・佐藤友則・高橋世津・曹　永湖・藤田祐子・目黒秋子　1994　日本語教育と認知的変容の研究Ⅰ：韓国人学習者と日本人実習生の授業観についての事例的研究　日本語教育方法研究会誌, 1, 3, 32-33.
内藤哲雄　1994　孤独感の個人別構造分析　日本心理学会第58回大会発表論

文集, 96.

内藤哲雄 1994 内陸地域「信州」のイメージの個人別構造分析 日本社会心理学会第35回大会発表論文集, 130-133.

内藤哲雄 1994 性の欲求と行動の個人別構造分析 日本グループ・ダイナミックス学会第42回大会発表論文集, 22-25.

内藤哲雄 1995 信州人の人間関係の個人別イメージ構造分析 日本社会心理学会第36回大会発表論文集, 328-331.

渡辺文夫・安 龍洙・内藤哲雄 1995 韓国人日本語学習者と日本人教師の授業観の比較 日本社会心理学会第36回大会発表論文集, 360-363.

内藤哲雄 1995 劣等感の個人別構造分析 日本教育心理学会第37回総会発表論文集, 75.

内藤哲雄 1995 態度・イメージの個人別構造分析（小講演） 日本心理学会第59回大会発表論文集, S80.

内藤哲雄 1995 化粧についての個人別態度構造分析 日本心理学会第59回大会発表論文集, 145.

内藤哲雄 1995 男性における性の欲求と行動の個人別態度構造分析 日本グループ・ダイナミックス学会第43回大会発表論文集, 18-21.

内藤哲雄 1996 家族イメージの個人別構造分析 日本心理学会第60回大会発表論文集, 225.

内藤哲雄 1996 在日韓国人の「在日」に関する PAC 分析 日本社会心理学会第37回大会発表論文集, 332-333.

内藤哲雄・島袋恒男 1996 教育実習の PAC 分析(1) 日本教育心理学会第38回総会発表論文集, 384.

島袋恒男・内藤哲雄 1996 教育実習の PAC 分析(2) 日本教育心理学会第38回総会発表論文集, 385.

山崎章恵・阪口しげ子・内藤哲雄 1997 看護臨床実習の PAC 分析(1) 日本応用心理学会第64回大会発表論文集, 76.

阪口しげ子・山崎章恵・内藤哲雄 1997 看護臨床実習の PAC 分析(2) 日本応用心理学会第64回大会発表論文集, 77.

内藤哲雄・阪口しげ子・山崎章恵 1997 看護臨床実習の PAC 分析(3) 日本応用心理学会第64回大会発表論文集, 78.

内藤哲雄 1997 看護部経営の PAC 分析 日本心理学会第61回大会発表論文集, 337.

市川伸一・篠原弘章・橋口捷久・福田豊志・内藤哲雄・渡辺弘純・針生悦子 1999 言語データの解析法の具体例について（研究委員会企画シンポジウム２）日本教育心理学会第41回総会発表論文集, 18-19.

内藤哲雄　2000　編入生の孤独感の PAC 分析　日本グループ・ダイナミックス学会第48回大会発表論文集, 172-173.

内藤哲雄　2000　PAC 分析によるイメージ構造の個人別計量　日本行動計量学会第28回大会発表論文抄録集, 179-180.

内藤哲雄　2000　孤独感の PAC 分析：接近・回避ループ型の事例　日本心理学会第64回大会発表論文集, 275.

内藤哲雄　2001　留学生の孤独感の PAC 分析について　日本応用心理学会第68回大会発表論文集, 129.

内藤哲雄　2001　中国人留学生の孤独感の PAC 分析　日本グループダイナミックス学会第49回大会発表論文集, 224-225.

西條剛央・川野健治・清水　武・内藤哲雄・春木　豊・三嶋博之・鈴木　平　2001　個々人の「心」からのアプローチ：個人差を誤差としないより妥当な理論と技術開発をめざして(ワークショップ59)　日本心理学会第65回大会発表論文集, S55.

青木みのり・内藤哲雄・井上孝代・松崎　学　2002　発達研究に PAC 分析をどう生かすか：PAC分析による研究の進め方（ラウンドテーブル16）　日本発達心理学会第13回大会発表論文集, S140.

# 索　引

## ア行

愛　83
　愛他的な——　83
　遊びの——　83
　異性——　83
　狂気的な——　83, 96
　実利的な——　83
　美への——　83
　友愛的な——　83
　——の意識　84
アクセシビリティ　17, 23
アクセス　16
　——項目　17
あるがままの描写　52
アンビバレンツ（両価感情）　1, 32, 82, 100-102
意識化　58
意識の流れ　49
異性愛　83
依存　94, 107
　——欲求　110
1次元的測定方法　32
移動　82
異文化間カウンセリング　42
イメージ　79
　——化　58

——構造　1
——喚起能力　28
——と解釈　22
——に触れる　49
——の流れ　50, 55
——療法　18, 20, 49
項目の単独での——　22
いらだち　52
ウォード法　45, 46, 64, 67
絵カード　28
SCT　41
SD法　23, 115
エピソード　25
演技　23, 27, 41
音楽（作曲・演奏）　27
音声　41
　——表現　41
オープン・クエスチョン　50
オペラント条件づけ　13

## カ行

絵画　23, 27, 41
外集団　16
介入・改善策　123
概念化　58
解発刺激　85, 86, 96

解離　26
カウンセラー　42, 86
カウンセリング　20, 36, 108-109
　——的手法　4
　——と認知行動療法の統合　33
学習意欲　114
確率　29
　——的な分析　5
価値創造的な解釈　58
学級運営　119
学級規範　130
学級経営での診断・考案の能力水準　133
学級経営の傾向性　132
学級診断　116, 127
学級担任　115
学級の総合的個性　115
学級の雰囲気　130
学級の崩壊　125
学級風土　114-115
学級目標　130, 132
学校・学年水準　132
学校生活　114
カテゴリー認知　16
葛藤　32, 82
　——度　26
　——状態　26

# 索引

身体全体で実感・把握　55
感覚の流れ　49
感覚を味わう　49
感じさせ続ける　49
間主観性　4, 9, 22
感情的な関わり　97
感情表出　25
完全自由連想法　27, 40
観測値　29-30
記述的な分析　5
記述統計学　4-5, 29
基準　133
気づき　33, 58, 92, 106, 129-130, 135
　──を得ての感動　52
規範意識　84, 107, 111
希望の表明　23
客観性　2
休憩　50
教育観　132
教育訓練　35, 131
教育信念　115
教科指導　132
共感的・受容的人間関係　132
共感の理解　22
教師統制　124
強制選択　44
共通主観　21
共通の普遍性　10
共通特性　10
共通変数　14, 31
共通変数に限定しての認知的枠組み　17
距離行列　19
緊張　26, 52
クライアント　34, 58

クラスター　19
　──間関係についてのイメージと解釈　22
　──構造としての内面の外在化　34
　──のイメージと解釈　22
　──の解釈（命名）　25, 57
　──の結節　20, 56
　──分析　1, 19, 22, 45
繰り返すことが不可能な事象　18
群間の差異　84
経営実践　134
経営診断　135
経営態度　117
経営能力　133
KJ法　20
継時的な測定　39
傾聴　50, 55
ケース研究（スタディ）　35, 116
結節されていくプロセス　56
系統的脱感作法　33
系列効果　45
契約関係　43
結果の公開　43
決定因　8
厳格型教師　121, 125
研究者自身のスキーマ　16
言語化　58
言語的能力　28
現実行動の記述　23
現象学的データ解釈技法　22, 86

好意　83
構成概念　20, 31
構造分析のプロセス　53
肯定表現　23
公的自覚状態　48
行動問題　135
行動療法　13, 33
項目間関係の得点　19
項目の単独でのイメージ　22
交友関係　114
語学的なハンディ　42
語気　52
個人間の差異（個人の独自性）の相殺　40
個人間の普遍的法則（個人間一般化）　15
個人規範　108
個人的経験　20, 25
個人特性　10
個人内での普遍的法則（個人内一般化）　15
個人別態度構造　1
個人変数　109
個性記述的研究　3
孤独感　62
　──への耽溺　78, 80
「個」における法則　15
「個」の存在価値　13
個別学級集団へのアプローチ　116
個別学級の診断　116
「個別集団」へのアプローチ　14
個別的普遍性　10
コンサルテーション

126, 131
コンプレックス　1, 16, 26, 32, 36, 50, 82, 85
——構造　26, 82, 85

## サ行

残差成分　16, 21, 31, 109
自我防衛　25-26, 33, 52, 78, 106, 125-126
——行為的　78
時間の推移　79
自己イメージ　78
自己拡大感　78
自己受容　78
——的行動　78
自己疎隔感　26, 76
自己認知　92
自己破壊　77
自己否定　77
自己防衛的傾向　76
自傷行為　79
自身の行動を意味づける存在　9
自然科学的な人間観　11
実験計画　39
実験社会心理学　1, 5
実験者やカウンセラーの誤認への帰属　36
実験の手法　4
質的データ　48
質的な分析　5
私的自覚状態　48
私的受容　130
社会規範　108
社会的アイデンティティ　16, 32
社会的カテゴリー　32

——化理論　16
社会的ステレオタイプ　17
社会的促進　42
社会的存在　11
斜線・曲線で切断　46
集合教育　133
充実時間　50
集団凝集性　115, 124, 130
集団心理療法　130
縦断的研究　109
集団と比較せずに測査　30
周辺的言語報告　22
周辺的要因　8
重要順位　22, 44
自由連想　1, 15, 22, 108
——過程　34
自由連想法　17
主観の価値　21
主訴　24, 115, 121, 127
受容的人間関係　132
受容様式の変化　79
準言語　51-52
条件づけの原理　11
情緒的混乱　36, 52
情緒的表現　23
象徴的意味　24
象徴的表現　23
焦点化　96, 110
省略　59
自立　93-94, 107
——への欲求　110
事例記述の手法　4
事例研究法　3
人格転換　77
シンクロナイズ　49
深層構造　53

深層面接　16
身体全体での実感・把握　55
シンタリティ　115
診断の解釈　132
診断テスト　134
心的外傷　78
シンデレラ・コンプレックス　94, 107, 110
真の値　30
心理学的社会心理学　8
心理的距離　48
心理の場　1, 26, 32
推測統計学　5, 29
スキーマ　16-17, 32, 82
スクリプト　16, 19, 23-24, 32, 45, 82
スクール・モラール・テスト　115, 134
ステレオタイプ　17, 32
ストレス　33
図版　41
性愛関係　87
生活行動　9
生活指導　126
生活場面　9
正規分布　29
制限時間　42
性行動　84
性障害　109, 111
性衝動　84, 93
生徒指導　132
性欲求　84
絶対距離　56
切断する距離　56, 123
——の決定　46

索　引

0項目の比率　26
潜在意識　15
先入見　55
相関係数　18
想起順位　62
操作的　2
　──手法　4
相対距離　56
相対的強度　31
疎隔感　102
測定方略　30
ソシオメトリック・テスト　115, 134
その時点でのただ1つの測定値　30

## タ行

体験過程　34
体験内容　79, 84
体験様式　34, 92, 123, 133, 136
対処機制　33, 62, 79
対処行動　33, 78-79, 93
対人交流　79
対人魅力　83
態度　31
　──構造　31
　──構造の変化　31
　──次元　29
　──測定技法　31
　──対象　31
　──の行動予測性　109
　──変化　31
対比効果　39
多次元解析（MDS）　19, 45
他者受容　78
他者と交流する自己　78
他者との相対的強度　33
多変量解析　22, 108
単位行動　9
　微細な──　9
短期の孤独感　80
力　82
知識や先入見　55
中央値　30
長期記憶　16
長期の孤独感　80
彫塑　41
直観的イメージ　18
直観的分析　55, 108
治療意欲　33
治療効果測定　110-111
治療集団　130
治療の介入法　116
治療の関係　36
治療の人間関係　33-35
　──の構築　34
沈黙　26, 50
　──時間　50
　長い──　52
TAT　41
抵抗　33, 126, 131
手がかり刺激　34, 36, 50
テープレコーダー　52
テレビ　41
転移現象　35, 50
典型　15, 106
　──者　29
　得難い──　40
　──例　133
デンドログラム（樹状図）　22, 24, 46-47, 56, 68-69
　──の切断　46
同化効果　39
同行　22, 55
　──者　50
統合的独自性　11
統制された実験室　9
統制できない要因の相殺　40
独自性　2, 10
特殊　8
匿名性　59, 87, 106
特有性　2

## ナ行

内界探索（旅）　49, 50
内集団　16
内密性　58
内面化　102, 107, 110
内面構造の外在化　34
日常的生活者　9
人間科学　11-12
人間行動　85
認知科学　16
認知行動療法　33
　──のプログラム　33
　──とカウンセリングとの統合　33-34
認知的協和の構造　82
認知的不協和　32
　──の構造　26, 32, 82
認知構造　1
粘土細工　27
延べ人数　29
ノンパラメトリック法　29

## ハ行

破局の危機　107, 111
パーソナリティ検査　30
パーソナル・スペース　48
発見的意義　109
発見的価値　29, 58
バッテリー　16, 134
ハード・ディスク　69-70
場面の雰囲気　52
場理論　82
HALBAU　iv
HALWIN　iv, 24, 65
反応時間　15, 32
非共通主観　21
　——の共有手段　21-22
非言語　51-52
　——的行動　22
被験者自身のスキーマ　17
被験者と実験者の位置関係　48
被験者の質　29
被験者の併合のイメージ　46
被験者の量（人数）　29
否定表現　23
ビデオ　41, 52
表現様式　23
標準化　38
　刺激や測定手続きの——　38
　規準集団の得点の——　38
標準語　42

評定尺度　63
評定数　45
比率　5, 8, 39
ファシリテータ　35
不安　26, 52
　——階層表　33
風景的イメージ　124
風土診断　136
フェルト・シフト　34
フォーカシング　34
深い開示　34
不協和の全体構造　32
複数言語併用者　42
付随的な要因　8
伏せ字　59
物理的境界　48
普遍　8
　——的妥当性　29
プライバシーや権益の保護　44
＋と－の項目数の比率　26
＋－０の合計得点（プラス項目数からマイナス項目数を引いたもの）　26
フロッピー・ディスク　69
分散　2, 5, 18, 29
分散説明率　8
文章作成ソフト　69
分団分離型　124
平均値　2, 5, 8, 18, 29, 30, 39
　——的データ　84
　——的な人間像　8
　——としての人間（行動）　8
　——や比率による群間の差の検定　5

ベクトル　82
変異　11, 21, 29, 109
防衛機制　33, 55, 62, 108
方言　42
法則定立的研究　5, 15
飽和　50
母語　42
補足質問　51, 75
ホリスティック　9-11, 15

## マ行

間　50
民主的雰囲気　126
明確化（気づき）　25, 33, 36, 58, 125
　早すぎる——　33
命名　57
メカニズムの解明　24
メロディ　41
面接室　47-48
文字化　52
モデリング　13
問題中心的な介入・改善策　116

## ヤ行

友愛　105-107, 111
唯一者　30
有意差　8
誘発性　82
ユーモア　130
　——療法　130
要因配置　39
抑圧　55, 108

## ラ行

ラポート　48, 106-107
ランダム・サンプリング

　　　　40
リーダー　35
理論的モデル　32
臨場感　52
臨床的個別学級社会心理
　　学　116
臨床社会心理学　109
類型の発見　109
類似度距離行列　1, 19
類似度評定　18
レスポンデント条件づけ
　　　　13
恋愛　83, 93, 111
恋愛感情　84-85
連想価　36
連想検査　85
連想項目数　22, 24
連想刺激　27, 62
　——語　15
　——の質　41
連想順位　22, 44
連想的意味　20

連想反応　15, 27
　——の質　41
連想放出　131
録音　43
録画　43
ロールシャッハ　41

### ワ行

枠　48
ワークショップ　44
笑い　131

**著者紹介**
**内藤哲雄**
ないとうてつお

1948年　山口県下関市に生まれる
1974年　早稲田大学第一文学部卒業
1976年　早稲田大学大学院文学研究科修士課程修了
1981年　早稲田大学大学院文学研究科博士課程後期
　　　　単位取得退学
　　　　日本学術振興会奨励研究員，信州大学医療技術短期大学部（心理学，臨床心理学担当）講師，助教授，信州大学人文学部人文学科社会心理学講座助教授，教授，カリフォルニア大学アーヴァイン校（UCI）客員研究員，信州大学留学生センター長（併任）を経て，信州大学人文学部人間情報学科心理学・社会心理学講座（社会心理学分野）教授（2011年9月30日付退職）。信州大学名誉教授
現在　　福島学院大学福祉学部（大学院心理学研究科併任）教授
　　　　博士（人間科学），臨床心理士
　　　　PAC分析の開発と普及により日本応用心理学会2000年度学会賞を受賞

**PAC分析実施法入門 [改訂版]：**
「個」を科学する新技法への招待

| | | |
|---|---|---|
| 1997年5月10日 | 初　版第1刷発行 | 定価はカヴァーに |
| 2002年10月10日 | 改訂版第1刷発行 | 表示してあります |
| 2017年2月10日 | 改訂版第6刷発行 | |

　　　　　著　者　内藤哲雄
　　　　　発行者　中西健夫
　　　　　発行所　株式会社ナカニシヤ出版
　　　　　〒606-8161　京都市左京区一乗寺木ノ本町15番地
　　　　　　　　　　　Telephone　075-723-0111
　　　　　　　　　　　Facsimile　075-723-0095
　　　　　　　　　　　郵便振替　01030-0-13128
　　　　　　　　　　URL http://www.nakanishiya.co.jp/
　　　　　　　　　　Email iihon-ippai@nakanishiya.co.jp

印刷・創栄図書印刷／装幀・松味利郎／製本・兼文堂

Copyright© 1997, 2002 by T. Naito

Printed in Japan　ISBN978-4-88848-744-3　C3011

◎本書のコピー，スキャン，デジタル化等の無断複製は著作権法上での例外を除き禁じられています。本書を代行業者等の第三者に依頼してスキャンやデジタル化することは，たとえ個人や家庭内での利用であっても著作権法上認められておりません。